KYNOS KLEINE HUNDEBIBLIOTHEK

TIBET TERRIER

KYNOS VERLAG MÜRLENBACH

Yak-po Annie get your gun.   *Foto: Kraßnigg*

TIBET TERRIER

**Alles Wissenswerte über den Tibet Terrier
Haltung, Erziehung, Ausstellung, Gesundheitsfürsorge**

Adolf Kraßnigg

INHALTSVERZEICHNIS

IMPRESSUM

© 1997 KYNOS VERLAG Dr. Dieter Fleig GmbH.
Am Remelsbach 30, D-54570 Mürlenbach/Eifel
Telefon: 06594/653, Telefax: 06594/452

ISBN-Nr. 3-929545-

Realisation & Druck:
DRUCKEREI ANDERS, D-54595 Prüm, Telefon: 06551/9503-0

VORWORT

Es gilt, Dank abzustatten. Zunächst dem Ehepaar Fleig vom Kynos Verlag, das dieses Buch einem ihnen unbekannten Autor anvertraute. Dann aber schon den Freunden Willi Mailänder und Jens Hundrieser, die mich nicht nur überredeten, diese Arbeit zu wagen, sondern mir dabei auch jede Hilfe zukommen ließen.

Überwältigt bin ich von der Zustimmung und Unterstützung vieler mir bekannter Züchter für meine Arbeit. Im Bildnachweis habe ich fast alle namentlich aufgeführt.

Ein besonderer Dank gilt den Fachprüfern meines Manuskripts, Frau Koch, Frau Buggermann, Herrn Golzem und Herrn Schroth. Und ein gleicher Dank gilt allen, die als kritische Testleser mir viele Tips zur inhaltlichen und sprachlichen Verbesserung gegeben haben. Namentlich will ich hier besonders meine gestrengen Zensoren Joachim Schulz-Marzin und Dr. Wulfhard Ziegler erwähnen.

Zu den Quellen des Buchs noch ein Wort. Wir verdanken es vor allem Angela Mulliner, der großen alten Dame der Tibet-Terrier-Szene, daß wir über die Frühzeit der Entwicklung der Zucht in England und Europa recht genau unterrichtet sind. Ihr Buch »The Tibetan Terrier«, 1977, von der Holywell Press in Oxford 1991 nachgedruckt, ist die einzige Quelle, die uns eine Gesamtübersicht ermöglicht. Frau Mulliner hat als Mädchen und junge Frau die Begründerin der Zucht, Dr. Agnes Greig, persönlich gekannt und etliche Jahre die Entwicklung der Rasse in England als Augenzeugin und engagierte Züchterin miterlebt. Leider aber warten wir bis heute vergeblich auf eine deutsche Ausgabe ihres Buches.

Zu meiner Person:
Ich bin 48 Jahre alt, verheiratet, ein Kind, drei Tibet Terrier, vielleicht bald mehr. Die Bezeichnung »Tibet-Terrier-Liebhaber mit züchterischen Ambitionen« trifft wohl am ehesten zu. Erfahrung mit Publikationen habe ich bisher in politisch-historischen Themen. Mit dem vorliegenden Buch betrete ich für mich thematisches Neuland.

Abb. 5: Schanti's Xampo-Sheydon (Terry).　　　　Foto: Kraßnigg

9

Kapitel Eins

BEGEGNUNG MIT DEM TIBET TERRIER

Erscheinungsbild

Verhalten im Alltag:
Nähe und Vertrauen,
Wachhund, Verteidigung,
Spaziergänger

Charakterbilder

Familienmitglied

Erziehung:
Lernen und Lehren,
Rangordnung, Spiel

Abb. 6: „Lächelnde" Schneelöwin Yak-po Annie get your gun.
Foto: Kraßnigg

ERSCHEINUNGSBILD

Der Wecker klingelt. 20 Minuten nach sechs Uhr. Noch schlaftrunken taste ich den Ausschalter. Seufzend, aber gehorsam erhebe ich mich und ziehe leichte Bedeckung an. Beweise, daß Du ein Morgenmensch bist! sage ich mir. Doch dazu brauche ich unbedingt meinen Kaffee.

Durch Flur und Eßzimmer schlurfe ich zur Küche und öffne den Kaffeeschrank. Ich muß nicht meinen Kopf wenden, um zu wissen, wer in diesem Augenblick neben dem Rahmen der Küchentür sitzt. Auf lautlosen Pfoten mir gefolgt, unauffällig, aber unübersehbar: Yak-po Annie get your gun, die tibetische »Schneelöwin«, Prinzessin von Kraßnigg! Ein Bündel von weißer, üppiger Unterwolle und langem Deckhaar, fast wie menschliches Haar schimmernd und sich anfassend, ein wenig widerborstig sich wellend: Lamleh.

Nun schaue ich doch hinüber, und ein tiefschwarzer Nasenspiegel richtet sich auf mich. Darunter zeichnen sich die dunklen Säume des mittellangen, kräftigen und stumpfen Fangs ab. Die Winkel sind leicht hochgezogen, an einer Seite sogar etwas geöffnet. Es sieht aus, als lächle Annie. Ich greife zu dem trockenen Rest eines Speckbrötchens, dem Lieblingshappen der Hündin. Mit einem Ruck richtet sich Annie nun auf und wendet mir dabei ein wenig ihre Seite zu. Fest steht sie auf großen, runden Pfoten, ganz flach auf den Ballen. Fröhlich rollt sich die Rute über den Rücken, ihre lange Haarfahne verdeckt teilweise den großen schwarzen Fleck auf der Kruppe. Das ist Annies »hot spot«, auf dem sie sich mit Hingabe kraulen läßt.

Für einen Bissen Speckbrötchen hat sie nun freiwillig ihre Paradehaltung wie für die Ausstellung eingenommen, die Nase energisch hochgerichtet zum Leckerchen. Da steht sie, 40 cm hoch, erwartungsfroh und kraftvoll, doch gleichzeitig gelassen und selbstsicher.

Aber wohlweislich breche ich gleich zwei Brocken ab. Und richtig, da kommt auch schon eilig Blacky angesaust, Annies Tochter. Wie putzige schwarze Pantöffelchen fliegen ihre Pfoten über die Fliesen. Ungeduldig drängt sie sich neben Annie und schnorchelt aufgeregt zu mir hin. Ihr elf Monate altes, pechschwarzes Deckhaar hat noch nicht seine volle Länge erreicht, doch bereits jetzt schwingt es sich in sanften Wellen an den Körperseiten herab. Nur ein paar weiße Haarfäden drängeln sich im Kinnbart und an der Brust hervor. Ansonsten glänzt Blacky schwarz wie Onyx. Meine Frau aber pflegt lieber den Vergleich zu holländischem Lakritz. Durch die herabfallenden Stirnhaare funkeln mich nachtdunkle Augen an, entschlossen, keinen Leckerbissen zu verpassen! Auch unserer kleinen, schwarzen Hexe sieht man bereits ihre kraftvollen Muskeln und kompakte Statur an. Mit ihren zierlicheren Proportionen, dem fein liegenden, wellig fließenden Haar und dem schlanken Hals wirkt sie allerdings eleganter als Annie.

Ich halte beiden ihre Brocken Speckbrötchen gleichzeitig hin. Hastig schnappt Blacky ihr Stückchen, vibrierend vor Futterneid, und wendet sofort das Köpfchen Annie zu. Diese dagegen prüft sorgfältig mit der Nase und faßt dann mit den Vorderzähnen behutsam den für sie bestimmten Brocken in meinen Fingern. Blitzschnell fährt Blacky mit der Schnauze hinüber, kommt jedoch einen Augenblick zu spät. Wie auf Kommando wenden sich nun beide zur offenen Terrassentür und eilen auf die Wiese im Garten, Blacky voran.

Wieder einmal bewundere ich den harmonisch fließenden Trab beider Hunde. Geschmeidig und ein wenig tapsig zugleich, wie zwei kleine Bären, trollen sie sich davon. Auf der Wiese legen sich beide in respektvoller Entfernung voneinander auf den Bauch und knabbern an den zwischen die Vorderpfoten gelegten, trockenen Brocken. Annie wendet Blacky dabei den Rücken zu, ihr Leckerchen schützend, aber Blacky nimmt keck die ältere Hündin in den Blick, um sich ja keine Chance entgehen zu lassen, doch noch an Annies Bissen zu gelangen.

Eine sanfte Berührung an meiner rechten Wade, unzweifelhaft der Begrüßungsstoß einer Hundeschnauze, läßt mich nach meinen Füßen schauen. Da dehnt und streckt sich gerade mit herzhaftem Gähnen unser Rüde Terry. Auf seinem emporgereckten Hinterteil schlägt die Rute ein hohes Rad. Prächtig entfaltet sich dabei deren lohfarbener Haarbusch. Oft erscheint mir ausgerechnet diese Rute als mitteilsamstes »Sprechorgan« des Rüden. Jede Veränderung der Stimmung, Aufmerksamkeit, Vorsicht, Mißtrauen, Anmache von Hündinnen, Imponieren vor Rüden, drückt sich sofort in einer veränderten Stellung aus.

Bedächtig richtet sich Terry nun vorn auf zum »Gardemaß« von 44 cm, gemessen senkrecht vom Widerrist bis zum Boden. Dabei präsentiert sich auch seine graudunkle Sattelzeichnung in voller Größe. Über Nacken, Hals und Kopf schiebt sich diese Färbung weiter bis zu den Augenbrauen und verteilt sich zu den mittelkleinen, V-förmig hängenden Ohren hin. Im Kontrast dazu steht der lange, fast schwarze Ohrbehang, der zudem mit leichtem Knick nach außen ansetzt.

Deutlich erkenne ich nun die festen Strähnen des Erwachsenenhaares, die sich über den Nacken, die Schulter und mit einem Keil zum Rücken hin ausbreiten. Nur langsam setzen sie sich gegen das leicht fliegende Jugendhaar auf den Lenden, der Kruppe und den Seiten durch. Wie zweigeteilt wirkt Terry dabei, mit dem typischen »Nierenring«, wie er sich beim jungen Tibet Terrier oft ausbildet. Schon zwei Jahre ist der Rüde alt, doch es kann bei ihm bis zu vier Jahre dauern, ehe sich das Erwachsenenhaar voll ausgeprägt hat! An den Rändern des Sattels wechselt die Farbe der Seiten und der Beine in ein helles Blond über. Auch die Schnauze zeigt die gleiche Aufhellung, und nur an den Hinterrändern der Ohren hat sich ein dunkler Rest der beim Welpen einstmals durchgehend kräftigen Zobelfarbe erhalten.

Aber den Clou der Färbung des Rüden bildet die irische Tüpfelung: Weiß leuchten die Rutenspitze, die Pfoten und der gesamte rechte Vorderlauf bis zum Schulteransatz, weiß die Brust und ein dreieckiges »Halstuch«, das sich über die rechte Schulter bis zur linken Nackenseite schlingt. Und dann die Krönung, im wahrsten Sinne des Wortes! Auf dem Kopf legt sich weißes Deckhaar über die Stirn bis zum Hinterkopf und seitlich bis zu der dunklen Zeichnung der Ohrenansätze. Auch unter den farbenfrohen Tibet Terriern erweist sich Terry als eine aussergewöhnliche Erscheinung.

Sanft tastend streiche ich über Brust, Rücken, Flanke und Kruppe des Rüden und spüre bestätigt, was

13

eine englische Zuchtrichterin urteilte: Needs a lot more body - braucht noch eine Menge mehr an Körpervolumen! Ein eleganter, schneller, ausdauernder Renner und ausgezeichneter Springer ist er ja, dabei stets gutmütig und guter Laune, immer zu Clownerien, zum Spiel und Herumtoben aufgelegt. Doch körperlich ein »Spargeltarzan«, ein ausgesprochener Spätentwickler. Für jeden Hundebesitzer ein Traumhund, für den Züchter allerdings eine Geduldsprobe!

Prüfend ruckt Terry die Nase in kleinen Stößen hin und her. Eigentlich ist er gar nicht so wild auf Brötchen, aber heute verlangt er gleiches Recht für alle. So breche ich ein weiteres Stück ab und halte es ihm hin. Auch er untersucht zuerst sorgsam und bedächtig, was ich ihm anbiete. Schließlich ist er zufrieden und nimmt mir vorsichtig den Bissen mit den kleinen Vorderzähnen ab. Dann trollt er sich zur Gartenwiese hinaus mit seinem federnden Trab, der so spielerisch leicht aussieht, daß man das Tempo meist unterschätzt. Mit einem eleganten Schlenker weicht er der Attacke Blackys auf seine Schnauze mit dem Brötchenstück aus, um dieses in einer Ecke des Gartens genüßlich zu kauen.

Von der Terrassentüre aus schaue ich in den Garten und sehe drei Hunde. In ihrer Farbe könnten sie nicht gegensätzlicher sein, und auch sonst lassen sich in wichtigen Details deutliche Unterschiede erkennen: Haarstruktur, Ohren, Rute, Kopf, Fang, und nicht zuletzt die Körpergröße. Doch allen ist eines gemeinsam: Es handelt sich um Tibet Terrier!

Aber die bisher vorgestellte Varietät dieser Hunderasse stellt nur einen kleinen Teil der wirklichen Mannigfaltigkeit und Bandbreite der Tibet Terrier dar. Allein in den Farben führt unser Hund eine einzigartige Vielfalt vor. Außer Schokoladen- oder Leberbraun ist eigentlich alles erlaubt: Von Schwarz über Weiß, Grau, Zobel, Creme, Rot, in allen Schattierungen, einfarbig, zweifarbig, sogar dreifarbig, und das alles in den abenteuerlichsten Zeichnungen. Das Motto lautet: Wer bietet mehr? Jeder Deckakt gerät schon im Hinblick auf die Farben der Welpen zum Abenteuer.

Die Bezeichnung Terrier weist auf einen »Bodenjagdhund« (lat. terra = Erde) hin. Doch vor dem Tibet Terrier muß sich nur selten ein Häschen fürchten oder Wild flüchten, und ebenso selten braucht der Besitzer eines Tibet Terriers Sorge tragen, sein Liebling werde ohne Leine auf einer Wildfährte verloren gehen. Denn der Name Terrier ist falsch, zeugt von der Unkenntnis über diese Hunde bei der ersten Registrierung der Rasse durch den Indischen Kennel Club. Unsere Tibeter sind Hütehunde und sollten eigentlich Tibet Apso heißen, Tibet Langhaar. Aber der falsche Name ist geblieben, und wir müssen uns damit abfinden. Weltweit heißt unsere asiatische Schönheit eben Tibet Terrier!

Und ein Tibet Terrier ist zunächst einmal, trotz seiner exotischen Erscheinung, ein ganz normaler Hund. Mit 8-12 Kilo Gewicht, einschließlich seines Haares, sogar ein sehr handlicher Hund, der selbst von Kindern recht sicher geführt und gehalten werden kann.

VERHALTEN IM ALLTAG

Nähe und Vertrauen

Der Schreibtisch in meinem »Arbeitskeller« biegt sich von Heften, die ich korrigieren muß. Ich habe gerade offenbar eine schlech-

Abb. 7: Begegnung der dritten Art: „Black(y) and White" in respektvoller Distanz. Amdo Amazing Black(y).   *Foto: Kraßnigg*

te Serie erwischt. Bei manchen verkorksten Gedankengängen und -formulierungen raufe ich mir, halb unbewußt, immer wieder meine Geheimratsecken. Meine Laune sinkt auf den Nullpunkt. Da spüre ich eine leise Berührung an meinem rechten Fuß. Ich schaue nach unten. Dort hat sich Terry ausgestreckt. Schon als Welpe hat er sich so angeschmiegt, oft seine Schnauze auf meinen Fuß legend. Er liebt und genießt den Körperkontakt. Ich blicke mich um. Richtig, nur einen halben Meter hinter meinem Stuhl liegt Annie, auf lautlosen Pfoten hereingekommen wie Terry. Auch sie sucht meine Nähe, aber nur selten duldet sie dabei die unmittelbare Berührung. Kraulen und streicheln läßt sie sich mit Hingabe und wachsender Begeisterung. Doch beim Liegen wahrt sie Distanz. Kommt ihr dabei einer der anderen Hunde zu

nahe, grollt sie warnend. Rückt einer der menschlichen Rudelgenossen zu dicht heran, dauert es nicht lange, bis sie sich sachte erhebt, unauffällig davonschreitet und sich eine andere Stelle zum Liegen aussucht. In diesem Verhalten ähnelt sie ihrem Vorfahr, dem Wolf. Auch erwachsene Wölfe liegen nie in direktem Körperkontakt zueinander.

Annies Achten auf Distanz hat nichts mit mangelnder Anhänglichkeit zu tun. Im Gegenteil, vielleicht ist es gerade unsere erste Hündin, die die tiefste Bindung zu uns eingegangen ist. In diesem so archaisch erscheinenden Verhalten zeigt sich nur eine Facette eines vielschichtigen, eigenen und uns immer noch rätselhaften und geheimnisvollen Charakters.

Wo zwei Hunde sind, kann der dritte nicht weit sein. Und richtig, auf der anderen Seite kauert

15

Blacky und knabbert eifrig an einem Stöckchen herum, das sie sich wohl von draußen mitgebracht hat. Einen Moment vergesse ich meine Arbeit und vertiefe mich in die Betrachtung dieses Stillebens der drei Tibeter. Dann kann ich der Versuchung nicht widerstehen. Ich erhebe mich vom Stuhl und lege mich in Seitenlage auf einen Teppichläufer im Raum. Sofort trabt Blacky heran und kuschelt und rollt sich mit dem Rücken an meinen Bauch. Schon seit sie vier Wochen ist, treiben wir beide dieses Spielchen miteinander. Unter meiner streichelnden Hand aalt sie sich richtig, ohne dabei aber das Knabbern an ihrem Stöckchen aufzugeben.

Einige Minuten gönne ich mir das Glücksgefühl, das dieses vorbehaltlose Vertrauen des jungen Tieres bei mir auslöst, genieße ich die so unaufdringliche Gesellschaft meiner Hunde. Dann macht sich wieder der Gedanke an die Pflicht geltend. Ich erhebe mich, streichle noch kurz Annies Kopf und setze mich wieder an meine Arbeit. Doch der Frust von vorhin ist wie weggeblasen, meine Stimmung wieder im Lot, und irgendwie schaut die Welt heller und freundlicher aus als vorher, selbst in manch krausen Kringeln blauer Tinte. So erwerben sich meine Tibeter auch für den Staatsdienst ihre Meriten.

Wachhund

Vor der Hitze des Nachmittags haben sich die Hunde ins Zimmer hinter der offenen Terrassentür zurückgezogen. Annie kuschelt sich in ihre Ecke zwischen Wand und Büffetschrank, der Rüde schnarcht unter einem Stuhl am Eßtisch, und unser Nesthäkchen flegelt sich in Seitenlage auf den kühlen Fliesen. Tiefe, bewegungslose, bleierne Müdigkeit hat sich drinnen wie draußen ausgebreitet. Ich erwarte den Besuch eines Freundes, der mir ein Manuskript bringen will.

In der zähflüssigen Stille vor dem Haus höre ich ein Auto heranfahren und halten, eine Wagentür schlägt. Ich zähle die Sekunden und beobachte Annie, denn ich weiß, was jetzt kommt. Regungslos und entspannt liegt sie da, die Schnauze tief zwischen den Pfoten auf dem Boden, scheinbar im Tiefschlaf. Ich höre die Schritte vor der Haustüre nicht. Dann explodiert die Hündin! Blitzschnell ist sie hochgesprungen, reckt die Schnauze und brüllt Alarm, ein markerschütterndes, sich manchmal überschlagendes Heulbellen, und prescht zur Terrassentür hinaus. Den Bruchteil einer Sekunde später ist Terry an ihrer Seite, in den Alarm mit seinem rostigen Bariton einfallend. Und wie ein schwarzer Blitz hängt Blacky an beider Fersen, mit einem Grollen wie ein mittlerer Wolf. So fegt eine schwarz-weiß-bunte Troika um die Hausecke zum Gartentor vis à vis der Haustüre, entschlossen, alles stimmlich in die Flucht zu schlagen, was sich unbefugt dort regt!

Wieder einmal hat sich die Rollenverteilung meines »Wachpersonals« gezeigt. Der Wachhund ist Annie, die Hündin. Terry, der Rüde, läßt sich alarmieren. Und im Schutz der Älteren läuft Blacky zu großer Form auf.

Ich nehme den kürzeren Weg durch den Flur und öffne die Haustür. Mein Freund, vorgewarnt und deswegen nicht irritiert, tritt ein. Die tobende Meute am Gartentor macht wie auf ein Kommando kehrt und jagt durch Garten, Zimmer und Flur zurück zum Eingang. Und kommt gerade richtig, als ich meinen Besuch empfange. Fast sofort erstirbt der

Alarm. Statt dessen begrüßen meine Tibeter nun auch den Ankömmling, jeder nach seinem Temperament. Die beiden älteren Hunde haben zudem die ihnen bekannte Witterung aufgenommen. Selbst Annie, sonst Fremden gegenüber reserviert, wedelt mit ihrer Rute und läßt sich kraulen. Eifersüchtig drängt sich Terry vor und will herumalbern. Und Blacky zeigt sich begeistert von der Abwechslung des Besuchs und fordert meinen Freund immer aufs neue zum Spielen heraus.

Ich lade den Besucher ins Wohnzimmer, wo wir uns zu einer Erfrischung niedersetzen. Ein letzter Streichelklaps für jeden Hund, dann wenden wir uns dem mitgebrachten Manuskript zu. Die drei Tibeter suchen sich gelassen ein Plätzchen im Zimmer und legen sich nieder, der eine näher, der andere weiter. Während der folgenden Stunde unseres Gesprächs gibt keiner der Hunde einen Laut von sich, tobt keiner herum, stört keiner unsere Arbeit durch Spielaufforderung. Nur ab und zu wechseln sie lautlos den Liegeplatz, um dort scheinbar wieder in tiefen Schlaf zu versinken. Doch alle drei Nasenspitzen sind auf uns gerichtet, und keine einzige unserer Bewegungen, kein Wechsel des Gesprachstones und unserer Stimmung entgeht ihnen!

Verteidigung

Ich drehe mit Annie und Terry eine kleine Sonderrunde durch die Siedlung. Blacky ist mit der Tochter bei deren Freundin zum Spielen. Voller Vorfreude zerren Hündin und Rüde an den Rolleinen. Vor der Haustüre löse ich den Stop. Fast sofort springen beide an, und ich gönne ihnen heute den Spaß. Kopf an Kopf preschen sie, wie Schlittenhunde im Geschirr,

den Bürgersteig entlang. Nur daß ich nicht auf einem Schlitten sitze, sondern, die Griffe der Rolleinen parallel haltend, hinterhersprinten muß. Natürlich können meine 48 Jahre alten Beine das Tempo der Hunde nicht mitgehen, darum muß ich sie auf meine Geschwindigkeit herunterbremsen.

Doch das mindert nicht ihr Vergnügen. Ich höre ihr lustvolles Juchzen. So fegen wir um die nächste Ecke. Der Rüde achtet eifersüchtig darauf, daß die Hündin nicht vorne liegt. Immer wieder wendet er ihr den Kopf zu, bellt herausfordernd, wenn ihre Nase auf seiner Höhe liegt, und legt einen Zahn zu. Langsam wird mir die Luft knapp. Hier müßte doch bald - richtig, die erste Duftmarke stoppt Terry. An dieser Heckenkante markieren zuverlässig alle vorbeikommenden Rüden, und bis dahin reicht meine Sprintausdauer.

Im munteren Trab geht es jetzt weiter. Die Hunde lieben den Gang durch die Siedlung und ziehen ihn sogar dem leinenlosen Spazieren im freien Gelände vor. Wir nehmen eine wenig befahrene Straße, wo wir uns fast unbesorgt bewegen können. Im Vorbeigehen schlagen einige Rüden aus den Häusern oder Gärten an, doch das kümmert meine beiden Tibeter nicht. Befinden wir uns doch auf gleichsam »neutralem« Territorium! So kommen wir auch bei Rollo vorbei, einem mittelgroßen, ungarischen Hirtenhund. Auf unseren Waldspaziergängen ist er uns schon begegnet, und dort sind meine beiden ganz leidlich mit ihm ausgekommen.

Rollo steht neben seinem Herrchen vor der Garage an der Seite des Grundstücks und bleckt, unfreundlich knurrend, seine Zähne. Die Ausfahrt zur Straße ist geöffnet. Terry merkt kurz auf, gibt

Laut und zieht dann weiter. Annie aber kümmert sich nicht um den fremden Rüden. Fast sind wir drei am Grundstück vorbei, da geschieht es. Aus der Einfahrt des Grundstücks heraus, in unseren Rücken hinein, reitet Rollo eine wüste Attacke gegen meine Hunde! Für einen kurzen Moment prallen diese zurück, doch wie auf ein Kommando machen beide gleichzeitig kehrt und stürzen sich entschlossen gemeinsam auf den Angreifer. Dabei rollt ein ingrimmiges, halblautes Grollen aus ihren Kehlen. Nur gut, daß ich beide an der Leine habe und sie bremsen kann! Doch erschrocken weicht Rollo vor der Konterattacke auf sein Grundstück zurück. Von dort droht er giftig weiter, doch wagt er gegen die an den Leinen tobenden Tibeter keinen neuen Angriff.

Nicht das Verhalten Terrys ist hier bemerkenswert. Schon aus Selbstachtung mußte er sich zur Wehr setzen. Sicherlich ist es in Ordnung, wenn ein Rüde auf »seinem« Grundstück den Vorübergehenden deutlich macht, wer hier das Sagen hat. Man blafft hüben und drüben, markiert diesseits und jenseits des Zaunes, und damit läßt man es gut sein. Schließlich befindet man sich auf der Straße, wo alle gehen und alle ein Verkehrsrecht haben. Da muß Rollos Attacke auf Terry wie der Angriff eines Strauchdiebes wirken! Wären das nicht allzu menschliche Begriffe, müßte man Terry neben Zorn auch »gerechte Empörung« zubilligen.

Was mich aber überrascht, ist die wilde Entschlossenheit der Hündin. So schnell die Situation auch abgelaufen ist, ich habe es genau gesehen. Es war Annie, die die Gegenattacke eingeleitet hat, noch in der Wende auf den Hinterkeulen dieses halblaute Grollen ausstoßend, das gefährlicher als alles laute Gebelle wirkt. Dabei ist sie noch nie einem fremden Rüden unfreundlich begegnet. Selbst wenn dieser in unseren Garten mitgenommen wurde, zu Terrys heller Empörung, spielte sie meist freundlich mit dem Fremden. Doch offenbar hat sie hier sich und ihren Gefährten nur noch bedroht gefühlt und mit dem Mut einer echten Tibet-Terrier-Hündin reagiert.

Spaziergänger

Meine Frau und ich sind mit allen drei Hunden im Wald unterwegs. Frei von der Leine, doch nahe bei uns schnüffeln unsere Tibeter. Wir biegen um die Ecke in einen Querweg ein und begegnen unvermittelt einer Gruppe von Spaziergängern. Eine jüngere Frau mit zwei Kindern, in ihrer Begleitung zwei ältere Damen und ein ebenso älterer Herr. Einen Augenblick erwäge ich, die Hunde schnell anzuleinen. Es ist nicht jedermanns Sache, plötzlich drei freilaufenden Hunden gegenüberzustehen, auch wenn sie noch so kuschelig aussehen. Doch die Reaktion der Spaziergänger hält mich davon ab.

Ich sehe die entzückten Blicke, und schon macht sich unsere kleine Blacky daran, alle Herzen im Sturm zu erobern. Mit der Unbefangenheit und Arglosigkeit des jungen Tieres begrüßt sie freudig die Ankömmlinge und läßt sich mit Begeisterung streicheln. Auch Terry trabt neugierig heran, und sein freundliches Auftreten erweckt wohl Vertrauen. Nur Annie hält sich ein wenig abseits, prüft den Geruch der Fremden und beobachtet ruhig und gelassen die Szene. Den Kindern, ein Junge von etwa sieben und ein Mädchen von etwa neun Jahren, merkt man an, daß sie keine Angst vor unseren

Hunden haben. Aber sie sind auch vernünftig und fragen, ob sie den »großen« Rüden streicheln dürfen. Ja, sage ich, aber nähert euch mit den Händen von unten! Nicht daß ich Sorge hätte, Terry könnte Ärger machen. Nur, der Haarvorhang vor den Augen erschwert ihm natürlich die Sicht nach oben. Terry könnte vor der unverhofft von oben auftauchenden Hand wegzucken. Aber so läßt er sich mit Wonne von den Kindern streicheln und kraulen.

Wir sind es gewöhnt, daß unsere Hunde bei Fremden solche Aufmerksamkeit erwecken. Das geschieht auf der Promenade der Grande Motte in der Camargue, »ah, terrier tibétaine!«, genauso wie auf dem Campingplatz am Isarhorn oder im Dinslakener Wohnungswald. Doch noch immer sind wir ein wenig stolz darauf. Wir beantworten deswegen bereitwillig Fragen zur Rasse, zur Farbe und zur Haarpflege. Natürlich stehen Blacky als Junghund, aber auch der Rüde mit seinen ungewöhnlichen Farben und Zeichnungen im Mittelpunkt des Interesses. Da wendet sich eine der älteren Damen der etwas abseits stehenden Annie zu. Du bist aber auch eine wirkliche Schönheit, spricht sie zur Hündin und hält dieser ihre Hand vor die Nase, zum Kontaktschnuppern sozusagen. Eingehend und selbstsicher prüft Annie, aber als die Frau sie am Kopf streicheln will, wendet sie sich ruhig, jedoch nachdrücklich ab und zieht sich zurück. Na, du willst es auch nicht mit jedem zu tun haben, kommentiert die ältere Dame lächelnd.

CHARAKTERBILDER

Drei Tibet Terrier habe ich Ihnen persönlich vorgestellt. Nicht den idealen Hund dieser Rasse, falls es so etwas überhaupt gibt, sondern drei reale Tiere in ihrem Verhalten und Charakter in konkreten, aber dabei durchaus typischen Situationen des Alltags. Und alle drei zeigen sich als eigenständige, in vielen Aspekten ausgesprochen unterschiedliche, individuelle Charaktere und Persönlichkeiten. Formulieren wir einmal einen umfangreicheren Steckbrief, der sich natürlich noch auf viele andere Situationen stützt, die wir hier nicht darstellen können.

Da ist zuerst der Rüde Terry, ein robuster, unkomplizierter, gutmütiger und freundlicher Hund; temperamentvoll, immer zum Spielen und zu Clownerien aufgelegt. Ein gerader, aufrichtiger Charakter zeichnet ihn aus. Der Familie gegenüber zeigt er sich anhänglich und verschmust, Bekannte schließt er in diese Sympathie ein, und selbst Fremden begegnet er aufgeschlossen und kontaktfreudig. Selbstbewußt tritt er anderen Rüden entgegen, jederzeit bereit, auszuloten, wer das Sagen hat. Aber nur diejenigen, die ihn als Junghund rüpelhaft behandelt haben oder ihm grantig begegnen, giftet er an. Im Ernstfall ist er bereit, »sein« Rudel zu verteidigen.

Hündinnen gegenüber benimmt er sich meist wie ein Gentleman. An der Leine läßt er sich hervorragend führen, ein idealer Kandidat also für das Begleithund- und Agility-Training. Nur in einer Hinsicht zeigt er eine merkwürdige Besonderheit. So selbstbewußt er anderen Hunden gegenübertritt, so schnell läßt er sich von unbekannten Dingen irritieren. Ein Motorrad auf dem Gehweg, ein Haufen Sperrmüll, im Winde flatternde Säcke, Anlässe für ihn, sich dieser Stelle mit Vorsicht und Mißtrauen zu nähern und sie am besten zu umgehen! Dagegen Annie, die Hündin. Ein »vulkanischer« Charakter, eine erstaunliche Doppelnatur! Zum einen außergewöhnlich gelassen und ruhig, manchmal erinnert mich ihre Liegehaltung an eine Sphinx, dazu erprobtermaßen schußfest, selbstbewußt und umweltsicher, von tiefer Anhänglichkeit und Treue. Zum anderen aber auch ein eigener Charakter, der zumindest auf äußere Distanz selbst den Rudelangehörigen gegenüber achtet. Eigene Interessen kann Annie bis zur Sturheit verfolgen, und Leinenführigkeit darf man ihr gewiß nicht bescheinigen. Fremden gegenüber zeigt sie sich in der Regel sehr reserviert, Kinder manchmal ausgenommen. Den Spielgefährten aus ihrer Jugend, ob Hunde oder Menschen, bewahrt sie ihre Zuneigung und führt sich bei Begegnungen beinahe so auf wie in ihrer Welpenzeit. Aber zum Ausbruch kommt der unter ihrer Oberfläche schlummernde »Vulkan« nur in zwei Situationen: Als Wachhund oder beim Spiel im Wald. Hier lebt sie bis zur Erschöpfung alles aus, was man im normalen Alltag bei ihr sonst nicht sieht.

Und schließlich Blacky, die Jüngste: Ein fröhliches, sonniges Gemüt, aber keck, gewitzt, furchtlos und energisch. Schon als Welpe hat sie sich von ihren vier deutlich größeren Rüdengeschwistern nicht auf die Pfoten treten lassen, mit Kampfgeist und Cleverneß Gewicht ausgeglichen und ihre Brüder reihenweise an der Nase herumgeführt. Und auch den erwachsenen Hunden gegenüber, Annie und Terry, kann sie sich glänzend behaupten und ihre Interessen durchsetzen. So temperamentvoll sie auch ist, so vermag sie aber auch Ruhe und Gelassenheit zu demonstrieren. Sie liebt den Schmusekontakt mit den Rudelmitgliedern, ist anhänglich und leinenführig. Von allen drei Hunden zeigt sie als einziger ernsthaftes Retrieververhalten; das heißt, zumindest ab und zu bringt sie mit Begeisterung geworfene Gegenstände zurück. Und so, wie sie klettert und balanciert, merkt man ihre Abkunft von hervorragenden Gebirgshunden. Mit ihrer Fröhlichkeit und ihrem putzigen Spiel erobert sie im Sturm die Herzen aller Hundefreunde.

Aber alle drei Hunde, so unterschiedlich ihre Charakterbilder auch sein mögen, strahlen den unvergleichlichen Charme und die Faszination der Tibet Terrier aus, im exotischen Erscheinungsbild genauso wie in ihrem Verhalten und in ihren Bewegungen. Gerne vergleichen die Liebhaber den Tibet Terrier mit einem kleinen Bären! Der Charme dieser Rasse entzieht sich meist den beschreibenden Worten, erschließt sich aber bereits dem ersten Blick. Wie oft sehe ich in wildfremden Menschen beim Anblick unserer Hunde ein staunendes Entzücken. Autofahrer verlangsamen die Fahrt und verdrehen die Köpfe, Spaziergänger stoßen sich gegenseitig an und zeigen auf unsere drei Langhaarigen, fragen nach der Rasse, und Kinder laufen hinter uns her, um streicheln zu dürfen.

FAMILIENMITGLIED TIBET TERRIER

Doch der Charme der äußeren Erscheinung und die Freude an manch putzigem Verhalten begründen keine hinreichende Basis für eine andauernde Beziehung zwischen Hund und Mensch. Wichtiger ist, daß sich Annie, Terry und Blacky zu wohlintegrierten Mit-

Abb. 8:
Glaub es
oder nicht:
Ich bin ein
tibetischer
Kampfhund!
Schanti's
Xampo-
Sheydon
(Terry).
Foto:
Kraßnigg

gliedern in der Familie entwickelt haben. Alle Familienangehörigen, Hunde wie Menschen, tragen zu einem geregelten, erfüllten und reibungsarmen Zusammenleben bei. Obendrein teilen alle drei unsere Vorliebe für heiße Rockmusik. Selbst bei »heavy metal« lassen sie sich keinen Moment in ihrem Schläfchen stören!

Die Entwicklung zum Gefährten in der Familie aber geschieht nicht von alleine. Am Anfang steht eine schwerwiegende Entscheidung. Der Tibet Terrier ist, entgegen seinem Aussehen als »Plüschpuschel«, wie eine Passantin einmal unsere Annie scherzhaft nannte, kein Spielzeug, kein Schoß- oder Kuscheltier, erst recht kein Geschenk für Kinder. Statt dessen muß man in ihm einen kernigen,

robusten Hund und ein vollwertiges Mitglied der Familie sehen, für das man fast 15 Jahre lang eine besondere Verantwortung und Fürsorge zu tragen hat. Vor allem ein Einzelhund verlangt täglich intensive Zuwendung. Und ein Hund verändert das Leben in einer Familie grundlegend. Kaum ein Bereich bleibt davon ausgeschlossen. Sowohl die Abläufe des Lebens in der Familie, als auch die Beziehung der Familienmitglieder untereinander sind davon betroffen, und nicht zuletzt das Verhältnis zu Nachbarn, Freunden und Bekannten.

Betroffen sind aber auch der Beruf und die tägliche Freizeitgestaltung, das Autofahren, der Kino- oder Restaurantbesuch, die Gestaltung des Urlaubs, usw. Immer wieder muß gefragt werden, wo der Hund denn bleibt und wie er in diese Aktivitäten einbezogen werden kann. Oder auf welche Aktivitäten man wegen des Hundes gar verzichten muß! Und was ist der Lohn dafür? Selbst zu einem erfüllten Zusammenleben können neben den glücklichen Stunden auch Sorgen, Mühen und Fehlschläge gehören.

Vier- bis fünfhunderttausend Hundewelpen werden jedes Jahr in Deutschland an neue Besitzer abgesetzt. Im gleichen Zeitraum aber werden auch ca. 140.000 Hunde von ihren Besitzern einfach ausgesetzt oder bei Tierheimen abgegeben, hauptsächlich in der Urlaubszeit. Zum Müll geworfen wie ausgedientes Wohnungsinventar! Was für ein grausamer Irrtum beim Kauf des Tieres, besonders für das Tier! Man kann einem Hund kaum etwas Schlimmeres antun, als ihn aus seinem »Rudel« zu verstoßen. Denn das Rudel bedeutet in der Regel den einzigen Halt und die einzige Sicherheit des Hundes in seinem Leben. Ein Auto, einen Fernseher oder CD-Player kann man kaufen und besitzen, einen Hund auch, aber man muß mit ihm leben. An dieser Grundtatsache scheitern offenbar viele Menschen. Darum sollte, wer eine so weitreichende Veränderung seines Lebens durch einen Hund fürchtet, besser auf den Kauf verzichten. Er wird ohne Hund glücklicher leben, und der Hund sowieso.

ERZIEHUNG

Lernen und lehren

Doch wer seine Entscheidung für einen Hund getroffen hat, hält es zu wesentlichen Teilen in der eigenen Hand, einen zufriedenen, glücklichen und liebenswerten Gefährten der Familie zu bekommen. Wir nennen diesen vor uns liegenden Prozeß Erziehung, aber vergessen oft, daß es sich nicht um ein einseitiges »Formen« nach dem eigenen Bilde handelt, sondern um gegenseitiges Lehren und Lernen. Wir sind verpflichtet, dem Hund den Weg in die Welt der Menschen zu bahnen und ihm zu zeigen, wie er sich in ihr ohne gefährliche Konflikte zurechtfinden kann. Dazu aber müssen wir die Eigenheit der Natur des Hundes begreifen und lernen, welche besonderen Wege und Mittel es dem Hund ermöglichen, sich an die vom Menschen gestaltete Umwelt anzupassen.

Erziehung zielt zuerst auf das reibungsarme Eingliedern des Hundes in das »Familienrudel« und das Leben miteinander, nicht etwa auf die sofortige und völlige Unterordnung unter den Willen des Hundeführers. Eine solche Art der Erziehung betrachtet den Hund lediglich als Objekt eigener Macht und zerbricht dessen Charakter. Was wollen Sie dann noch mit einem Hund, was mit einem Tibet Terrier?

Die Zeit als Welpe und Junghund erweist sich als wichtigster Abschnitt für die Erziehung wie auch das Lernen des Hundes. Bei der richtig verstandenen Erziehung des Hundes übernehmen die menschlichen Familienmitglieder die Rollen, welche die Alttiere eines Hunderudels ausfüllen, die sich neben dem Vaterrüden üblicherweise an der Erziehung der Welpen beteiligen. Wir müssen also in gewissem Grade lernen, wie ein Hund zu denken und uns wie die »Alttiere« zu verhalten. Grundlage der Erziehung aber ist die Klärung der Rangordnung. Denn im Hunderudel gibt es keine

Demokratie. Und in vieltausendjähriger Domestizierung hat der Mensch den Hund nach der Eigenart ausgewählt, sich dem Führungsanspruch des Menschen willig unterzuordnen. Diese Führung dem Hund vorzuenthalten, kann man mit Fug und Recht als eine Form von Tierquälerei bezeichnen.

Rangordnung

Was aber ist Rangordnung? Keineswegs handelt es sich um die klassische Hackordnung des Hühnerhofs. Eher finden wir hier eine Art allgemeinen Arrangements im Sinne von Aufteilung nach Rechten und Pflichten, je nach den besonderen Fähigkeiten der einzelnen Mitglieder einer Familie. In einer gemeinschaftlich zusammenlebenden Gruppe von Individuen braucht jeder seinen von den anderen respektierten Platz, der ihm die Geborgenheit in der Gruppe sichert und wo er seine Fähigkeiten nützlich für die Gemeinschaft einbringen kann. Rangordnung ist in diesem Sinne also die Voraussetzung für sinnvolle Zusammenarbeit in der Gruppe. Insofern täuscht selbst der Begriff »Alpha-Tier«, den man oft in diesem Zusammenhang findet, denn diese Funktion hat ein Hund nur in ganz bestimmten Dingen inne. Deswegen muß man auch in der Familie nicht die Probleme der »Rangordnung« ausdiskutieren, wenn man einen Welpen anschaffen will. Es reicht, wenn sich alle Familienmitglieder dem Welpen gegenüber wie »Alttiere« eines Hunderudels benehmen, denn selbstverständlich muß der Hund seinen Rang nach allen anderen menschlichen Mitgliedern der Familie einnehmen.

Die Autorität eines höheren Ranges aber basiert in erster Linie auf höheren psychischen und intellektuellen Fähigkeiten, und nur sehr begrenzt auf körperlicher Überlegenheit. Ein Ausnützen des höheren Ranges gegenüber Rangniedrigeren gehört nicht zu den konstituierenden Merkmalen der Rangordnung, und ein Rangniedriger strebt keineswegs danach, in der Rangfolge aufzusteigen, sofern er sich in der Gruppe geborgen fühlt. Rangordnung muß man also als einen geeigneten Rahmen ansehen, innerhalb dessen ein großes Maß an Freiheit und Selbstverwirklichung möglich ist.

Spiel

An der Klärung und Wahrnehmung der Rangordnung und der sozialen Eingliederung des Welpen müssen sich alle Familienmitglieder entschieden beteiligen. Und das geschieht vor allem im Spiel mit dem Welpen! Hier übt der Hund nicht nur seine geistigen und körperlichen Fähigkeiten, sondern im Spiel mit den anderen Welpen und Rudelmitgliedern wird auch die soziale Hierarchie geklärt. Im Spiel zeigen wir ihm unsere geistige und körperliche Überlegenheit, hier gewinnen wir die Autorität, der sich der Hund letztlich dann freiwillig, ja sogar freudig unterordnet. Im Spiel lernen der Hund, aber auch wir, die für unser Zusammenleben wichtigsten Verhaltensweisen, Fertigkeiten und Regeln kennen. Darum müssen sich alle Familienmitglieder ausgiebig Zeit für das Spiel mit dem Welpen nehmen. Wer diese Zeit nicht hat, sollte auf den Kauf eines Welpen verzichten. Im Tierheim findet er viele brave Hunde, die sich auf ein neues Zuhause freuen.

Wer sich aber für einen Tibet-Terrier-Welpen entscheidet, ist gewiß auch daran interessiert, sich ein Bild von der besonderen Herkunft dieses Hundes zu machen.

Kapitel Zwei

HERKUNFT TIBET

Mythos tibetische Heimat

Land und Menschen

Bedeutung und Funktion der Hunde
in Tibet

Ausgangsformen für die
europäische Zucht

Hütehunde der Viehnomaden,
Klosterzucht

Europäische Wahrnehmung

Abb. 9: „Buddha" Benny - Norbulinka Jang (Benny).   Foto: Schroth

MYTHOS
TIBETISCHE HEIMAT

Die Wirkung, die der Tibet Terrier auf uns ausübt, gründet sich nicht alleine auf sein exotisches Erscheinungsbild und interessantes Verhalten. Vielmehr nimmt unser Hund auch Teil an dem Mythos seines Herkunftslandes. Tibet, das Dach der Welt, geheimnisvoll und faszinierend, voller Heiliger und Magier, übt bis heute auf uns Menschen der westlichen Zivilisation einen besonderen Reiz aus. Nicht zuletzt deshalb, weil Tibet bis in die jüngste Vergangenheit für Fremde ein verbotenes Land war. Schon vor dem chinesischen Überfall im Jahre 1950 wurden tibetische Beamte, in deren Aufsichtsbereich Ausländern die Einreise gelang, mit Gefängnis, Folter oder sogar mit dem Tod bedroht.

Diese Abwehr fremder Einflüsse hatte einerseits gewiß außenpolitische Gründe. Im Schatten Chinas wollte man nicht zwischen die Mühlsteine machtpolitischer Interessen der Großmächte geraten. Aber auf diese Weise verhinderten wohl andererseits die gesellschaftlichen Machteliten Tibets auch fremden Einfluß, der die eigene Position bedrohen konnte.

Einschränkend muß man sagen: Die Abgrenzung funktionierte lange Zeit im wesentlichen gegenüber dem Eindringen Fremder aus den europäischen Ländern und Großmächten. Dem Druck des großen Bruders China haben die Tibeter meist nachgeben müssen, und die Mongolen nahmen über lange Zeit sogar eine Art Schutzmachtfunktion ein. Immerhin war es der Mongolenführer Altan Khan, der 1578 dem Abt des tibetischen »Gelbmützen-Ordens« den Titel Dalai Lama verlieh, was »Ozean der Weisheit« oder auch »ozeangleicher Lama« heißen soll. Im Gedenken an diesen Mongolenherrscher nennen manche Züchter von Tibet Terriern einen Rüden aus dem A-Wurf »Altan Khan«. Doch auch andere Nachbarstaaten erkämpften sich den Zugang zu Lhasa, wie etwa Nepal um 1855. So müssen wir von alters her einen lebhaften Handels-, Kultur- und, nicht zu vergessen, auch »Hundeaustausch« zwischen Tibet, China, der Mongolei, Indien und anderen Nachbarstaaten annehmen.

Doch gerade das Verbotene reizte auch viele Europäer, das Land zu erforschen und vor allem nach Lhasa, der Hauptstadt Tibets, vorzudringen. Doch nur wenigen gelang es, tiefer ins Land vorzustoßen, und nur ganz wenige erreichten tatsächlich Lhasa. Und die Berichte dieser beiden Gruppen von Reisenden bestimmten bis in die jüngste Zeit unser Bild des Landes. Aber darunter befanden sich nur zum kleinen Teil seriöse Berichterstatter, die sich um eine Darstellung ohne Vorurteile bemühten. Dazu gehörten der berühmte schwedische Wissenschaftler Sven Hedin, der übrigens nicht bis Lhasa vordringen konnte, aber auch der Österreicher Heinrich Harrer mit seinem Buch »Sieben Jahre in Tibet«. Harrer erhielt nicht nur Zugang zu Lhasa, sondern errang dort sogar die Freundschaft des Dalai Lama.

Andererseits wissen wir um eine intensive Spionagetätigkeit der Engländer, durch die berühmten Pandhits, die von Indien aus erfolgte und Tibet zumindest für die britische Regierung zum besterkundeten Himalajastaat machte.

Wollen wir nun die Entwicklung unseres Tibet Terriers von seinem Ursprungsland bis zum Rassehund heutiger Prägung verfolgen, müssen wir uns über einige Grundvoraussetzungen klar werden. Von einer Entwicklung der Rasse im engeren Sinne kann man aus gesicherten Quellen eigentlich nur vom Zeitpunkt der ersten Registrierung der Rasse beim Indischen Kennel Club im Jahre 1930 bis zum heutigen Zeitpunkt sprechen. Denn eine systematische Zucht von Rassehunden nach festgelegten Standards ist eine typisch europäische Eigenart und kam erst im England des vorigen Jahrhunderts auf. Eine solche Art der Hundezucht wurde in Tibet gewiß nie praktiziert.

Auch erweisen sich die Informationsquellen über die tibetischen Hunde und ihre Entwicklung als ausgesprochen dürftig. Die einheimischen Quellen sind für uns kaum erschlossen, die Berichte fremder Reisender äußerst spärlich und unpräzise. Zudem finden sich in diesen Berichten oft das gleiche Unverständnis und die gleichen Vorurteile wieder, wie sie auch in den Beschreibungen von Land und Leuten sichtbar sind. Es fehlen also hinreichende Voraussetzungen für eine qualifizierte Darstellung einer speziellen Rassegeschichte des Tibet Terriers, - die Tibeter nennen ihn eher »Apso« - im Ursprungsland selber.

Dennoch können wir mit Zuversicht behaupten, im heutigen Tibet Terrier kein europäisches Phantasieprodukt herangezüchtet zu haben. Als kompetente Zeugin

Abb. 10: Lhassa 94: Ein echter Tibet-Apso-Rüde, trotz Verfilzung und Gegenlicht. *Foto: Handrich*

dafür tritt Frau Handrich ein, selber Spezialzuchtrichterin für Tibet Terrier. Bei einem Besuch in Tibets Hauptstadt Lhasa, im August 1994, fand sie zu ihrer Überraschung *»eine Unzahl von Tibet Terriern auf den Straßen von Lhassa« vor. »Teilweise waren sie von so wunderbarer Qualität, daß sie ohne Schwierigkeiten mit den Hunden auf unseren Schauen in Konkurrenz treten könnten. Was bestätigt, daß wir in Deutschland bei den Tibet Terriern größtenteils dem Typ im Ursprungsland sehr nahe geblieben sind«.*

Diese ermutigende Nachricht rechtfertigt es, wenn wir schon keine systematische Rasseentwicklung in Tibet selber beschreiben können, zumindest das zusammenzutragen, was wir über die Wurzeln des Tibet Terriers in seiner Heimat ermitteln können.

LAND UND MENSCHEN

Landschaft und Klima formen den Menschen, heißt es. Und der Mensch formt seinen Hund! Darum müssen wir uns zumindest kurz der Landschaft, den klimatischen Bedingungen und den Menschen Tibets zuwenden, um Näheres über unsere Hunde zu erfahren. Tibet ist das extremste Hochland der Erde, mit einer durchschnittlichen Höhe von 4500 Metern über dem Meeresspiegel. Im Norden, Westen und Süden wird es von hohen Gebirgszügen umschlossen, dem Kunlun, Karakorum und dem Himalaja. An Ausdehnung nimmt es mehr als die fünffache Fläche Deutschlands ein. Wir finden in Tibet fruchtbares Bauernland und selbst Wald, vor allem in den Flußtälern, aber im Nordwesten auch ausgedehnte, trockene Felsenwüsten. Dieses Gebiet wird Chang-

than genannt und zeigt eine West-Ost-Ausdehnung von ca. 1300 Kilometern. Im südlichen Teil des Changthan erstreckt sich in den weiten Steppen der Lebensraum der Nomaden mit ihren Yak-, Schaf- und Ziegenherden. Die Volksrepublik China hat das ursprüngliche Staatsgebiet Tibets zerschlagen und Teile davon unterschiedlichen Provinzen Chinas zugeordnet. Verblieben ist nur die »Autonome Region Tibet«, in der heute vielleicht noch 1,9 Millionen Tibeter beheimatet sind. In ganz China sollen noch ca. 3,9 Millionen Tibeter leben, aber die Zahlen differieren hier stark.

Tibet wird oft »Schneeland« genannt, doch vermittelt uns das einen falschen Eindruck vom Klima des Landes. Weite Teile bleiben recht trocken, und die Schneegrenze liegt zwischen 4600 und 5800 Metern! In den europäischen Alpenländern fällt weitaus mehr Schnee als in Tibet. Die Temperaturen schwanken im tibetischen Hochland im Sommer- und Wintermaximum zwischen plus 25 Grad und minus 40 Grad Celsius.

Seit Urzeiten wurde Tibet von Nordosten her überwiegend durch vormongolische und mongolische Einwanderer besiedelt. In immer neuen Schüben erreichten vor allem nomadische Hirten, verdrängt durch Konkurrenten, das recht unwirtliche Hochland. Die bekanntesten sind wohl die Chiang-Nomaden. Solche Hirtennomaden domestizierten den Wildyak und brachten wahrscheinlich ihre bereits domestizierten Schafe und Ziegen ebenso wie ihre Hunde mit, und zwar wohl schon große Hütehunde, die man vom Typ her mit dem Wort Mastiff bezeichnet. Neben diesen jedoch werden sie auch mittelgroße Hütehunde von jenem Typ mitgeführt haben, wie sie uns heute als direkte Nachfahren der domestizierten Wölfe gelten und in den asiatischen Steppengebieten weit verbreitet sind.

Denn gerade in dem nördlich von Tibet gelegenen, riesigen Steppengürtel findet sich die angestammte Heimat der Hirtennomaden, und damit auch die Heimat der Hunde als Hüter, Bewacher und Beschützer von Tieren und Menschen gegen Angriffe von Raubtieren und menschlichen Räubern. Allerdings tritt in der vielleicht schon fünfzehntausend Jahre währenden Domestikation des Hundes seine Funktion als Hütehund erst recht spät in Erscheinung. Es muß sehr lange gedauert haben, bis der Mensch in züchterischer Auslese den Jagdtrieb des Wolfs zum Hütetrieb und das stumme Warnverhalten des Wolfs zum lauten Anschlagen umgewandelt hat. Erst vor etwas mehr als sechstausend Jahren soll diese Entwicklung abgeschlossen gewesen sein. Als direkte Nachfahren dieser noch nahe am Wolf stehenden asiatischen Hütehunde in relativ unveränderter Form gelten die heutigen Owtscharka-Rassen, besonders der Mittelasiatische und der imponierend große Südrussische Owtscharka.

Bis in historische Zeit hinein wurde die Hochebene von Tibet durch weitere Einwanderungswellen verschiedener Völkerschaften besiedelt. Den Namen erhielt Tibet vom Stamm der Bod: Bodyul, was als »Land der Rufe« erklärt wird. Daraus entstand später der Name Bodpa für Tibet.

Für das Verständnis der Stellung des Hundes in der tibetischen Gesellschaft ist ein Blick auf die Religion der Tibeter von grundlegender Bedeutung. Die ursprüngliche Volksreligion der Tibeter wird von der Vorstellung beherrscht, die gesamte Welt, Himmel, Erde und Unterwelt, sei von guten und bösen Geistern beseelt. Eine solche Religionsform nennen wir Animismus (lat. animus = Geist, Seele). Der Name dieser Volksreligion, Bön, bedeutet soviel wie Beschwörung. Bönpriester, den Schamanen vergleichbar, rufen durch Rituale und Opfer Götter herbei oder vertreiben übelwollende Dämonen.

Seit dem achten Jahrhundert n. Chr. verbindet sich in Tibet in einem langen, oft blutigen Prozeß der in Indien entstandene Buddhismus mit der Bön-Volksreligion zu einer eigenständigen Form des Buddhismus, die wir heute »Lamaismus« nennen. Dabei heißt Lama soviel wie »Meister, Lehrer«, dem Begriff »Guru« in Indien nachgebildet. Lama darf sich nur nennen, wer ein umfangreiches, oft mehr als zehnjähriges Studium des Buddhismus mit entsprechender Prüfung absolviert und eine dreijährige Meditation in völliger Isolierung hinter sich gebracht hat. Der gewöhnliche Mönch hingegen wird Trapa genannt und verfügt nur recht selten über elementare Fertigkeiten wie das Schreiben und Lesen.

Der Buddhismus spielt nun für die Haltung der Tibeter zu ihren Hunden eine entscheidende Rolle. In verkürzter »westlicher« Sicht soll der entscheidende Aspekt herausgearbeitet werden. Das Ziel des Buddhismus ist die Erlösung aus dem Leid des Lebens durch Eingehen ins Nirwana, d.h. Verlöschen. Nur wenigen Heiligen gelingt es, dieses Ziel in einer Lebensspanne zu erreichen. Darum sind wesentliche Prinzipien des Buddhismus ´Karma´ und ´Wiedergeburt´. Entsprechend seinem Verhalten und seiner Verdienste im

Leben (Karma) wird der Mensch in eine neue Existenz hineingeboren. Es bleibt ihm die Hoffnung, durch guten Lebenswandel seiner Erlösung näherzukommen. Der ursprüngliche Buddhismus ist eine Mönchsreligion, die nur wenigen Menschen die Erlösung aus eigener Kraft verheißt. Diese Version nennt man »Kleines Fahrzeug«. Doch in Tibet und anderen Himalajastaaten wurde eine andere Version des Buddhismus populär, die auch dem normalen Menschen den Weg zur Erlösung weist. Ihnen sollen »Helfer«, die Bodhisattvas, den richtigen Weg weisen.

Diese Form des Buddhismus heißt »Großes Fahrzeug«, und in Tibet bestimmend wurde eine Variante, die sich mit der Geheimlehre des Tantrismus verbunden hat. Der Tantrismus steuert unter anderem viele yogische und meditative Techniken für die praktische Ausübung der Religion bei. Diese Variante des Buddhismus trägt den schönen Namen »Diamantenes Fahrzeug«. Als Symbol dafür gehört die Abbildung eines Diamanten im Strahlenkranz zu den Insignien eines Lamas. Kurios daran ist, daß dieses Diamantsymbol wohl auf die Darstellung von Thors Hammer zurückzuführen ist. Thor kennen wir eigentlich als germanischen Gott, doch gehört er zum indogermanischen Allgemeingut, und so brachten die indogermanischen Einwanderer Indiens, die Arier, auch die Symbole Thors mit ein in ihre religiöse Vorstellungswelt, aus der heraus der Buddhismus entstanden ist.

Wir haben uns ein wenig Zeit genommen für die Religionsgeschichte Tibets. Aber sie soll uns nur Vehikel sein für ein Verständnis der Entwicklung des Tibet Terriers. Jetzt erst können wir nämlich die Beziehung zwischen Buddhismus und Hund herstellen. Knüpfen wir an das Stichwort »Wiedergeburt« an. Wir müssen uns auch diesem Thema in vereinfachter Form aus unserer begrenzten westlichen Sicht nähern, um das für uns hier Wesentliche hervorzukehren.

Wiedergeburt bedeutet eigentlich ein Unglück für den Menschen, weil sie eine Verzögerung auf dem Weg ins Nirwana und eine Verlängerung des irdischen Leids bedeutet. Glück im Unglück aber hat der, welcher als Mensch in eine gutsituierte gesellschaftliche Stellung wiedergeboren wird, als Belohnung für einen guten Lebenswandel. Pech aber der, welcher als gesellschaftlicher Außenseiter wiedergeboren wird, zur Strafe für einen schlechten Lebenswandel. Im schlimmsten Fall kann ein solcher Lebenswandel sogar zur Wiedergeburt in Tiergestalt, z.B. als Hund führen. In den tibetischen Klöstern fanden sich viele Hunde. Die Mönche hielten sie für Wiedergeburten von Mitbrüdern mit schlechtem Lebenswandel. Deshalb behandelten sie die Hunde gut, denn als kluger Mönch baute man vor!

BEDEUTUNG UND FUNKTION DER HUNDE IN TIBET

In Hunden sehen die Tibeter also Wiedergeburtsträger menschlicher Seelen. Von daher werden sie besonders respektiert, aber durchaus nicht als heilig verehrt. Obendrein gibt es noch eine seltsame weitere Beziehung zu den Hunden. Als Wappentier Tibets zeichnet der Schneelöwe. Eine Tierfigur, die oft auch beiderseits des Hauptes Buddhas dargestellt wird, die zwei Schneelöwen (tibetisch »ssengge«) Buddhas. Es handelt sich hier wohl nicht um reale Löwen, denn diese hat es in Tibet nie gegeben, sondern um mystische Tierfiguren, und oft ähneln die Darstellungen Hunden mit Löwenmähnen! Entsprechend geistern Geschichten von den »Löwenhunden« durch die europäischen Berichte aus Tibet, ohne daß bisher zweifelsfrei diese als eigenständige Hunderasse bestimmt werden konnte. Immerhin, der Dalai Lama, seit 1578 geistiges, seit 1642 auch politisches Oberhaupt Tibets, wieder veranlaßt durch einen Mongolenherrscher, diesmal Gusri Khan, führt traditionsgemäß in seinem Zwinger einen weißen Tibet Terrier als »sengge«.

Wenden wir uns nun, nachdem wir wichtige Hintergründe der Beziehung der Tibeter zu den Hunden verdeutlicht haben, der näheren Betrachtung dieser Tiere im Leben der tibetischen Gesellschaft zu. Wie zuvor schon bedeutet, bewegen wir uns hier von der Quellenlage her auf unsicherem Boden. Doch wenn wir uns auf die Hauptzüge beschränken, gelingt uns vielleicht ein zwar allgemeines, aber doch einigermaßen richtiges Bild.

Haus- und Hofhunde (Dokhyi) bewachten in den Ansiedlungen, aber auch nomadischen Zeltlagern die menschlichen Wohnstätten. In den Städten und Dörfern Tibets findet man sie oftmals an den Eingängen der Höfe festgebunden und durch karges Futter äußerst aggressiv gemacht. Hier wird allerdings auch von der großen Zahl herrenloser Hunde berichtet, die in ihrem erbärmlichen Zustand selbst für Menschen nicht ganz ungefährlich gewesen seien. Daneben verwendeten die Tibeter Jagd- und Hetzhunde (Shakhyi). Theoretisch erstaunt uns das, weil die buddhistische Religion eigentlich ein fleischloses Leben propagiert. Aber, Lhasa war weit: In der Praxis aßen die Tibeter, vor allem die hart arbeitenden Nomaden und Bauern, durchaus das Fleisch von gejagten Wildtieren wie auch das ihrer Herden- und Haustiere. Das Töten und Zurichten aber überließen sie in der Regel nichtbuddhistischen »Fachleuten«, beispielsweise moslemischen Metzgern, die als Außenseiter am Rande der tibetischen Gesellschaft lebten.

Und vor allem die Nomaden setzten langhaarige Hütehunde ein zum Schutz von Tieren und Menschen vor Wölfen, Braunbären und Überfällen durch Räuber und andere Feinde. Das war wohl auch unbedingt nötig, denn die verschiedenen tibetischen Nomadenstämme hatten als Räuber einen Ruf wie Donnerhall! Das doppelschichtige Haar dieser Hunde, kräftige Unterwolle, langes Deckhaar, bildete einen hervorragenden Schutz nicht nur gegen die Unbilden des Klimas, sondern auch gegen Verletzungen durch angreifende Wildtiere. Bei diesen Hunden handelte es sich in der Regel um starke Mastiffs, die vor allem auch bei fremden Besuchern gefürchtet waren. Die Tibet Mastiffs gelten einigen als Ahnen aller großen Hunderassen, Mastiffs wie Molosser, und auch Rassen wie z.B. Bernhardiner, Neufundländer und Doggen sollen auf diese tibetischen Ahnen zurückgehen. Allerdings gibt es zu dieser Ansicht auch energischen Widerspruch. Danach werden die großen und schweren Hunderassen als züchterische Späterscheinungen angesehen.

Neben den starken Mastiffhunden führten vor allem Karawanen zwischen Tibet und der Mongolei auch mittelgroße Hüte-, Wach- und

Begleithunde mit, die wahrscheinlich aus den Jagd- und Hetzhunden (Shakhyi) hervorgegangen sind. Diese Hunde stehen wohl den Owtscharka-Rassen besonders nahe und waren den schwereren Mastiffs an Beweglichkeit, Flinkheit und Gewandtheit überlegen. Auch die ungarischen Hütehunderassen Kommondor, Kuvasz und Puli werden auf asiatische Owtscharkas zurückgeführt.

AUSGANGSFORMEN FÜR DIE EUROPÄISCHE ZUCHT

Und nun nähern wir uns unaufhaltsam unserem Tibet Terrier! Die Nomaden führten Herden aus Yaks, Ziegen und Schafen mit sich. Ziegen und Schafe waren, so wie die Grunzochsen, ganz besonders an die Höhenlagen über 4000 Meter angepaßt. Außerdem konnten sie ausgezeichnet klettern. Um sie in Felsengewirr und steilen Lagen aufzuspüren, zu treiben und zusammenzuhalten, brauchte man Hunde, die ebenso klettern konnten. Die Mastiffs fungierten eher als Teil der Herde, aus der heraus sie alle Fremden, Tiere wie Menschen, angriffen und vertrieben. Zwar können auch Mastiffs ausgezeichnet klettern, aber mit den Bergziegen und -schafen halten sie nicht mit.

Außerdem benötigten die Viehhirten Hunde, die auch bei tiefem Schnee die Herden treiben konnten. Mastiffs aber sinken allein schon wegen ihres Körpergewichts im Schnee ein. So entwickelte sich, wahrscheinlich von den mittelgroßen Karawanen- und Hütehunden ausgehend, ein speziell für diese Aufgaben geeigneter Hund. Leicht mußte er sein und zusätzlich das Gewicht auf breiten Pfoten verteilen können (Schnee-schuh-Effekt). Dazu bildete er eine seltene Eigenschaft unter den Hunden aus, nämlich die Fähigkeit, die Krallen zu bewegen, also in Grenzen aktiv zu greifen und sich zusätzlichen Halt zu verschaffen. Das bedeutete einen großen Vorteil beim Klettern und bei der Fortbewegung auf verharschtem Schnee oder Eis.

Zudem benötigte er ein Haarkleid, das den Klimaextremen im Gebirge standhalten konnte. Im Winter brachten vor allem die eisigen Winde Gefahr für das Überleben von Mensch und Tier, daher das doppelschichtige Haar, im Sommer mußten Hitze und Staubstürme ausgehalten werden. Hunde mit Staubschutz vor den Augen, einem Haarvorhang also, sollen diesen Wetterunbilden besser gewachsen sein. Allerdings sind in Tibet auch etliche Wildtiere bekannt, die unter den gleichen Bedingungen ganz gut ohne solchen Augenvorhang auskommen. So hege ich gelinde Zweifel daran, ob diese Begründung für die Bedeckung der Augen des Tibet Terriers wirklich auf eine »natürliche« Selektion oder nicht eher auf menschliche Zuchtlenkung nach einem gewissen Erscheinungsideal zurückzuführen ist.

Jedenfalls entstanden Kleinhütehunde wie der Tibet Terrier, der ungarische Puli und der PON (Polski Owczarek Nizinny). Alle drei Hunderassen zeigen Merkmale enger Verwandtschaft auf, ohne daß wir gleich die tibetischen Hunde als Stammvater solcher Rassen hochstilisieren wollen. Wir müssen uns diese Entwicklung zu einem kleinen bis mittelgroßen, leichten Hütehund als einen langen Prozeß funktionaler Selektion mit erbarmungsloser Auslese durch Natur und Mensch vorstellen. Und solche Hunde entstanden überall

Abb. 11: Winterlandschaft: Drei in ihrem Element. Fidai von Lu-Khang,
Norbu-linka Quinny, Tarsangri Dhyra-Ly.   *Foto: Dahms*

dort in den Steppengebieten, wo sie gebraucht wurden.

Aber zurück zum tibetischen Hochland! Das Leben der Nomaden war karg genug, um ihnen zu verwehren, unnütze Fresser mit sich herumzuschleppen. Wer die eisigen Temperaturen im Winter nicht aushielt, krank wurde oder im Gebirge beim Klettern einen Fehltritt machte, überlebte nicht. Das gilt für Tier wie Mensch gleichermaßen. Als Ergebnis dieser Auslese müssen wir uns in den verschiedenen Steppenregionen nicht eine einheitliche Hunderasse vorstellen, sondern eine Reihe durchaus unterschiedlicher Schläge, die die genannten Aufgaben erfüllen konnten. Weil die Nomaden bei der Verpaarung aber eher auf Funktion statt körperliche Rassemerkmale achteten, muß

man sicherlich auch eine gewisse Angleichung der verschiedenen Schläge voraussetzen.

HÜTEHUNDE DER VIEHNOMADEN

Wie aber kann man sich nun eine nähere Vorstellung von der speziellen, für die Nomaden wichtigen Funktion der kleinen Hütehunde machen? Keinesfalls dürfen wir uns ein Hüteverhalten vorstellen, wo der Hund, dirigiert durch Signale des Schäfers, eine Gruppe von Schafen oder Ziegen in eine Hürde oder von einer abgegrenzten Weide zur anderen treibt. Ein solcher Hütehund muß ein ausgeprägtes Unterordnungsverhalten zeigen.

Die spärlichen Berichte über die

Arbeit der kleinen tibetischen Hütehunde legen aber ein eher selbständiges Hüteverhalten nahe, bei dem der Hund die in oft schwierigem Gelände weiträumig grasende Herde umkreise und aus eigenem Antrieb zusammenhielt. Auf den Gebirgsweiden zerstreuen sich die den kärglichen Pflanzenwuchs suchenden Tiere naturgemäß in alle Richtungen, und den menschlichen Hütern wird es ohne Hunde wohl sehr schwer gefallen sein, den Verlust etlicher Tiere zu verhindern. Bei den Kletterfähigkeiten der Ziegen und Schafe mußten diese Hunde auch oft genug in steile Felslagen hinterhersteigen.

Aber auch im Schnee entfalteten sich die besonderen Fähigkeiten der kleinen Hütehunde. Auf ihren großen Pfoten bewegen sie sich selbst in tiefem Schnee mühelos an wandernden Herden oder Karawanen entlang. Mit Bissen in die Beine der Tiere trieben sie die Herde voran und hielten sie dabei zusammen. Selbst den mitwandernden Menschen gegenüber sollen sie ein ausgesprochenes Hüteverhalten gezeigt, also zugleich Mensch und Tier angetrieben haben! Die europäischen Reisenden beobachteten dabei oft Hunde mit hängenden Ruten, die beim Laufen und Springen als Steuer oder Gleichgewichtshilfe eingesetzt wurden. Auch bei unseren Tibet Terriern, deren Rute meist auf der Kruppe aufgelegt ist, kann man beim Herumtoben noch den Einsatz der Rute als Balancier- und Steuerelement sehen.

Das selbständige Hüteverhalten der kleinen Hunde bedingt einen ausgeprägt eigenen Charakter, wie er sich wohl auch noch in etlichen europäischen Schwestern und Brüdern bis heute erhalten hat.

Aus den Berichten europäischer Reisender erfahren wir noch von einer speziellen Verteilung der Alarm- und Schutzkette in den Zeltlagern der Nomaden. Näherten sich Fremde, gaben die kleinen Hunde als erste Alarm und zogen sich dann »diskret« hinter den Rücken der großen Mastiffs zurück. Wer als Fremder einen gewissen Sicherheitsabstand von einem Zeltlager mißachtete, wurde unweigerlich von diesen kampfkräftigen Kolossen angefallen.

Ziehen wir ein erstes Resümee! Von der bisher gezeigten Entwicklung her ist unser Tibet Terrier ein Arbeitshund, ein kleiner Hüte- und Wachhund mit eigenständigem Hüteverhalten und ebenso eigenständigem Charakter. Folgen wir den recht vagen archäologischen Untersuchungen und der Überlieferung, läßt sich unser Hund über eine Zeit von fast 3000 Jahren hinweg auf mongolische Vorformen zurückführen. Doch die Darstellung des Tibet Terriers als Hund der Zeltnomaden beschreibt keineswegs vollständig die Entwicklung dieser Hunderasse in Tibet.

KLOSTERZUCHT

Wir dürfen uns nämlich bei Nomaden nicht einfach ziellos und isoliert im Lande herumstreifende Hirten vorstellen. Vielmehr sind die Wanderwege und Weiden genau festgelegt, und selbst die freien Unternehmer unter den Nomaden unterstanden in Tibet einem Dzongpon, einer Beamtenfamilie oder einem Kloster. Hier zahlten sie Steuern in Form der von ihnen erzeugten Produkte. Außerdem brauchen Nomaden Märkte, wo sie Überschußgüter gegen die Waren eintauschen können, die sie selber nicht herstellen, z.B. Gerste, Tee, Zucker, oder auch Metallwerkzeuge und Gefäße. Nomaden, Bauern und Handwerker sind also aufeinander angewiesen. Natürlich brachten gläubige Nomaden auch den Klöstern Geschenke mit, damit die Mönche ihnen geistlichen Beistand leisteten. Oft waren das Hunde, vor allem, wenn sie von heller Haarfarbe waren. Wir erinnern uns der Bedeutung von Hunden für die tibetischen Mönche. Meistens schenkten die Geber die etwas zierlicher geratenen Welpen eines Wurfs.

Doch die Vorliebe der Tibeter für kleinere, langhaarige Haushunde geht dem Auftreten des Buddhismus weit voraus. Zwischen Tibet und China hat es seit Jahrtausenden enge kulturelle, wirtschaftliche und politische Beziehungen gegeben. Schon ein Jahrtausend v. Chr. finden sich in China kurze, gedrungene Hunde unter den wertvollen Tributgaben. Von den gesellschaftlichen Eliten Chinas, aber auch Tibets wurden kleine Hunde offenbar als Luxus- und Prestigeobjekte, aber auch als Glücksbringer angesehen. Unter dem Einfluß des neuen religiösen Mythos des Buddhismus verwendete man in Tibet diese kleinen, gedrungenen und langhaarigen Hunde zur Herauszüchtung von besonders wertvollen Langhaar-Kleinhunden, die unter dem Begriff »Löwenhunde« zum Symbol wurden. Darunter darf man wohl nicht eine eigenständige Rasse verstehen. Aus unterschiedlichen Ausgangsformen versuchte man Hunde mit Ähnlichkeit zu den kleinen Löwen in China und den mystischen Schneelöwen Tibets herauszuzüchten. Zu der Gruppe dieser Kleinhunde gehören auch der Pekinese, der Shih Tau, dem der heutige Shih Tzu wohl nachgezüchtet ist, sowie der Tibet Spaniel, aber auch Extremformen wie der Peking-Palasthund oder die chinesischen »Ärmelhündchen«.

Die Zucht von Hunden in tibeti-

Abb. 12: Ein „typisch tibetischer" Kopf! Dendrobates Quiver.

Foto: Lindner

schen Klöstern kann man nun als eine direkte Selektion über viele Jahrhunderte hinweg ansehen. Hier wurden nur besonders schöne und kleine Hunde behalten und weiter verpaart. Zwischen den Nomaden und den Klöstern entstand so eine Wechselbeziehung. Die Steppenhirten schenkten schöne und kleine Hunde als Huldigungsbeweis und erhielten dafür von den Klöstern die größeren Tiere, die dort nicht mehr zur Zucht verwendet wurden. So entstanden in den Klöstern Tibets der Lhasa Apso und womöglich der Shih Tau, aber auch der Tibet Spaniel und die besondere Ausprägung des Tibet Terriers.

Aber welche Funktion erfüllte der Tibet Terrier in den Klöstern, mal abgesehen von der Wiedergeburt irregeleiteter Mönche? Waren es Bethunde, Gefährten der Mönche, »Wärmflaschen« auf kaltem Lager im Winter oder Prestige- bzw. Luxusobjekte? Vielleicht von allem etwas. Die verbreiteten Legenden über den Tibet Terrier, etwa die von seiner »Rettung« vor Feinden Tibets durch Mönche im »Lost Valley«, legen auch seine besondere Bedeutung im geistlichen Leben der Klöster und sein hohes Prestige nahe. Wenn der heutige Dalai Lama über seine »sengge« spricht, seinen »Schneelöwen«, liebt er es, in dessen Verhalten symbolhaft menschliches Verhalten auf humorvolle Weise zu charakterisieren.

Unser Tibet Terrier läßt sich also zwei Kategorien von Hunden zuordnen. Einerseits entsteht er aus Arbeits- und Gebrauchshunden, nennen wir sie hier einmal »Freilandhunde«, aber auch den Wohnungs- und Klosterhunden müssen wir ihn zurechnen. Die heutige verfeinerte Form dieser schönen, exotischen Tibethunderasse verdanken wir sicherlich in

erster Linie der Zucht und Haltung in den Klöstern und Adelshäusern der tibetischen Gesellschaftselite. Es wird wohl auch ein Tibet Terrier gewesen sein, von dem uns Heinrich Harrer in seinem Buch »Sieben Jahre in Tibet« berichtet. In dem Kapitel »Dramatischer Auszug aus Kyirong« heißt es da wörtlich: *»Mit ihm* (gemeint ist Harrers Gefährte Aufschnaiter) *lief mein Hund, den mir ein Adeliger aus Lhasa geschenkt hatte. Er war von jener langhaarigen, mittelgroßen tibetischen Rasse, und wir hatten uns beide sehr an ihn gewöhnt«.* Weil man mit mittelgroß gewiß weder den Lhasa Apso noch die anderen, kleineren Rassen meinen kann, kommt nur ein Hund vom Typ unseres Tibet Terriers in Frage. Harrer ist übrigens Ehrenvorsitzender des größten deutschen Zuchtvereins für Tibet Terrier, dem »Internationalen Klub für Tibetische Hunderassen e.V.«, abgekürzt KTR.

EUROPÄISCHE WAHRNEHMUNG

Wir haben die Betrachtung über die Entwicklung der Hunde bisher hauptsächlich auf Tibet beschränkt. Doch müssen wir dieses Bild erheblich weiter fassen. Hüte-, Wach- und Begleithunde für Karawanen werden überall dort gebraucht, wo Viehbauern in nomadischer Lebensweise zu finden sind. Die tibetischen Hunde und ihre nahen asiatischen Verwandten und Vorfahren haben sich auf dem Wege über die Steppen der Nordhalbkugel bis nach Europa ausgebreitet. Und auch in den Nachbarstaaten Tibets, z.B. Nepal, Bhutan, Sikkim und Kashmir finden sich »tibetische« Hunde, sowohl Gebrauchshunde wie auch

Klosterhunde, der Lhasa Apso etwa. Und englische Berichterstatter nannten den Tibet Mastiff sogar manchmal den Bhutan Mastiff!

Denn was wir hier bisher in vereinfachter Übersicht so klar dargestellt haben, ist in Europa zur Wende vom 19. auf das 20. Jahrhundert noch reichlich unklar. Erst zur Zeit der Younghusband-Expedition um 1904, die nichts anderes als eine militärische Intervention Englands war, um sich von Indien aus den Zugang nach Tibet gewaltsam zu öffnen, verdichten sich die Berichte über tibetische Hunde. Notabene handelt es sich hier hauptsächlich um Engländer, die in englischsprachigen Publikationen über ihre Reiseerfahrungen in Tibet berichten und, meist nebenher, auch ihre Beobachtungen über Hunde mitteilen. Zunächst herrscht dabei noch ein großes Wirrwar an unterschiedlichen Bezeichnungen vor wie Bhuteer Terrier, Lhassa Terrier, Thibet Terrier, Bhutanese Terrier oder Kashmir Terrier. Die englischen Berichterstatter rechnen dabei wohl alle Hunde, die weder »gun dogs« noch »mongrels« sind, nach den heimischen Verhältnissen einfach zu den Terriern, den Bodenjagdhunden. Unter »gun dogs« verstehen wir Hunde für die Jagd unter dem Gewehr, im Gegensatz zu den Schweiß- und Meutejagdhunden, und »mongrel« bedeutet Mischlingshund oder Bastard, Straßenköter also.

Vor allem der Name Lhasa Terrier wird sehr undifferenziert für eine größere Bandbreite von asiatischen Hunden verwendet. Erst langsam kristallisiert sich eine genauere Betrachtung und eine Unterscheidung zwischen dem Lhasa Terrier, später Lhasa Apso genannt, und dem Tibet Terrier heraus. Bei Angela Mulliner, weltweit die Grande Dame der Tibet-Terrier-Szene, finde ich den Auszug aus einem Bericht des Reverend W.H. Bush. In meiner freien Übersetzung aus dem Englischen heißt es da: »*Zusätzlich zum Lhasa Terrier, der den meisten englischen Schaugängern* (gemeint sind wohl Besucher von Hundeausstellungen, hier wohl hauptsächlich in Indien) *bekannt ist, gibt es einen größeren Terrier, dem kleineren aber sehr ähnlich im allgemeinen Erscheinungsbild und Charakter. Von den Tibetern wird er hoch geschätzt und ist nur in den Häusern reicher Einheimischer zu finden. Vom Lhasa Terrier unterscheidet er sich hauptsächlich in Farbe und Größe: Alle Exemplare, die wir gesehen haben, zeigen das gleiche Kastanienbraun-Grau mit hell-lohfarbenen* (engl. tan = je nach intensiver Ausprägung eine rötliche bis gelbe Färbung) *Pfoten und kräftiger Lohfarbe auf Brust und Maul.. Ihre Größe betrug zwischen 34 und 35 cm; der Körper in passender Länge, sehr geraden Beinen, kräftigem Knochenbau, aber ein wenig gestelzt in den Bewegungen. Das Gewicht reicht bei den durchschnittlichen Exemplaren von 9 - 11,4 kg. Man muß sehen, daß sie in der Schulter zwischen 7 und 10 cm höher sind als der kleinere Lhasa Terrier, und das Gewicht entsprechend schwerer. Sie scheinen also eine eigenständige Rasse zu sein und müßten also der ›größere Lhasa Terrier‹ genannt werden*«.

Zwar wünschten wir uns eine deutlich detailliertere Beschreibung unseres Tibet Terriers, doch finden wir in der Darstellung Reverend Bushs durchaus einen Hund vor, der sich in seiner Größe im Bereich des heutigen Standards für Tibet Terrier bewegt.

Kapitel Drei

ENTWICKLUNG DES EUROPÄISCHEN TIBET TERRIERS

Bunti und Dr. Agnes Greig,
Ladkok und Lamleh

Erste Registrierung als Rasse

Entwicklung in England:
Lamleh und Luneville

Entwicklung der Zucht in Deutschland:
Kreise gleich am Anfang, Schauergalerie,
Alte Deutsche, Luneville-Tibet-Terrier,
Die Rückkehr der Lamlehs,
Fazit und Stand der Zuchtentwicklung

Abb. 13: Wachsam hinterm „Vorhang", Yuthok Chagan.

Foto: Thede

BUNTI UND DR. AGNES GREIG, LADOK UND LAMLEH

Am Anfang steht ein Geschenk. Im Jahre 1922 operiert die englische Ärztin Dr. Agnes R. H. Greig in der indischen Stadt Cawnpore (Kanpur) erfolgreich eine Tibeterin aus wohlhabendem Hause. Als Dank dafür überläßt diese der Ärztin einen Welpen aus dem Wurf ihrer Tibet-Terrier-Hündin Lily: Die weiß- und goldfarbene Hündin Bunti. Dr. Agnes Greig leistet zu dieser Zeit ihren Dienst als Mitglied des »Medizinischen Dienstes Indien« ab, zur damaligen Zeit eine ungewöhnliche Laufbahn für eine Frau! Doch in bezug auf Hundezucht ist Frau Greig keineswegs ein unbeschriebenes Blatt. Als Kind wächst sie mit Hunden und anderen Tieren auf, ihre Mutter in England züchtet Cocker Spaniel unter dem Zwingernamen »of Ladkok«, und Dr. Greig selbst zeigt in Indien anscheinend Pekinesen auf Ausstellungen und züchtet Pferde, die sie dort sogar in Rennen laufen läßt! Doch in der Begegnung mit der Tibet-Terrier-Hündin Bunti erfüllt sich offenkundig das züchterische Lebensschicksal dieser energischen und talentierten Frau.

Die einjährige, attraktive Bunti soll in Indien auf einer Hundeausstellung gezeigt und dort als Lhasa Terrier (Lhasa Apso) registriert werden. Doch die gestrengen Zuchtrichter vom Kennel Club Indien stellen fest: Bunti ist kein Lhasa Terrier! Und dann vereinbaren die Richter mit Dr. Greig ein kleines Zuchtprogramm. Mit Bunti sollen drei Generationen Nachwuchs gezeugt werden. Dann wolle man erneut prüfen und entscheiden, wie man diese Hunde klassifizieren könne. Die tibetischen

Freunde von Frau Greig stellen den Deckrüden Rajah zur Verfügung. Wie Bunti stammt er wohl aus einer Zucht tibetischer Zeltnomaden. In den Jahren 1924 und 1925 bringt Bunti, die wir nun die Urahnin der europäischen Tibet Terrier nennen können, ihre beiden ersten Würfe zur Welt.

Ein interessantes, aber auch bezeichnendes Zwischenspiel schließt sich an. Im Jahre 1926 tritt Dr. Greig einen zehnmonatigen Urlaub in England an. Mit sich führt sie Bunti und zwei Tibeter aus beiden Würfen, die Hündin Chota Tukra und den Rüden Ja-Haz. Dr. Greigs Mutter, Frau A. Renton Greig, sorgt als anerkannte Züchterin offenbar für eine Registrierung der drei tibetischen Hunde beim Britischen Kennel Club als Lhasa Terrier, und zwar unter ihrem eigenen Zwingernamen »of Ladkok«! Ein paar Tausend Meilen von Tibet und Indien entfernt nimmt man die Unterschiede dieser Hunderassen offenbar nicht so genau. Im Laufe der Zeit sollen es übrigens insgesamt 157 Tibet Terrier werden, die den ältesten Zwingernamen der europäischen Zucht, of Ladkok, tragen. Dann geschieht, was Kenner der Materie wissen und was am Anfang der Entwicklung einer jeden Rasse steht: Inzest und Linienzucht, kurz Inzucht genannt. Bunti wird mit ihrem Sohn Ja-Haz verpaart, und das Ergebnis ist die dritte Generation der Tibet Terrier.

Zurück in Indien erwirbt Dr. Greig zwei weitere einheimische Tiere. Zunächst den weißen »Thoombay«(of Ladkok) aus der Zucht des Buddiman Lama of Tibet. Thoombay wird später zum prägenden Vererber der frühen Tibet Terrier und repräsentiert in hervorragender Weise die tibetische Klosterzucht. Und dann erhält Dr. Greig die schwarze und rehbraune Hündin »Gyantse of Lamleh«. Da taucht er zum ersten Mal auf, der Name, der heute noch, zumindest in Deutschland, kaum einen Züchter unberührt läßt: of Lamleh! Der Zwingername von Frau Dr. Greig, gleichzeitig aber die Bezeichnung der heute ältesten Linie der Tibet Terrier. Und gleich am Anfang steht das »Unerhörte«, auf englisch »pedigree unknown«, was in etwa heißt: Details über die Abstammung und den Züchter von Gyantse sind nicht bekannt!

Wenden wir uns trotzdem einen Moment dem Stichwort »Inzucht« zu. Wer die Ahnentafeln einer Hunderasse nur weit genug zurückverfolgt, trifft am Anfang immer auf die gleichen wenigen Vorfahren. Vielleicht aber ist die Ahnenschaft für die Tibet Terrier reichhaltiger als bei anderen Rassen ausgefallen. Wenn ich Angela Mulliners Aufzeichnungen aufmerksam genug studiert habe, finde ich insgesamt 18 »originäre« Hunde, nicht miteinander verwandt, die in den Jahren 1922 bis 1967 der europäischen Tibet-Terrier-Zucht zugeführt worden sind. Dazu kommt noch ein wahrscheinlich englischer »crossbred«, der eine wichtige Rolle spielt. Das englische Wort übersetzt man wohl am besten mit den Begriffen »Einkreuzung« oder »Kreuzling«.

Die Bandbreite der importierten Hunde reicht dabei vom eleganten, aber kraftvoll wirkenden Thoombay bis hin zum nur 30 cm großen R'Apso, der 1947 in Deutschland als Deckrüde eingesetzt worden ist. Genauso differieren auch die Farben der Hunde. Aber von diesen »originären« Tibet Terriern sind bestenfalls neun wirklich tibetischen Ursprungs. Die anderen stammen teilweise aus Indien oder Nepal, wo man auch heute noch prächtige Tibet Terrier finden soll.

Und dazu weitere Hunde, für die es wiederum heißt: pedigree unknown! Von diesen insgesamt 18 Hunden prägen aber nach Mulliner bestenfalls elf wirklich nachhaltig die gesamte Zucht.

ERSTE REGISTRIERUNG ALS RASSE

Im Jahre 1930 ist es endlich soweit. Die Jury der Zuchtrichter in Indien erkennt Dr. Greigs Hunde als eigenständige Rasse an, seither bekannt als Tibet Terrier. Leider reichen offenbar bei allen Beteiligten die Kenntnisse nicht aus, oder es erscheint ihnen nicht wichtig, diese neu registrierte Hunderasse gleich mit dem richtigen Namen »Tibet Apso«, also Tibet Langhaar, auszustatten. Und bei diesem irreführenden Namen ist es bis heute geblieben! Dem Lhasa Terrier hat man später als Lhasa Apso sein Recht zukommen lassen, dem Tibet Terrier aber nicht. Und heute läßt sich wohl nichts mehr daran ändern, und jedem neugierigen Frager müssen die Halter eines Tibet Terriers erst lang und breit erklären, daß hier keineswegs ein Jagdhund vor ihnen steht.

Der Britische Kennel Club schließt sich fast unverzüglich der Entscheidung der Zuchtrichter in Indien an und veröffentlicht Anfang 1931 die Registrierung als Tibet Terrier in seiner Club-Zeitschrift. Aber bereits im Jahre 1930 verläßt Dr. Greig, nach zwölf Jahren Dienst in Indien, den »Womens's Medical Service of India« und siedelt zusammen mit einer Freundin nach England über, und zwar auf die Kanalinsel Jersey. Beide führen als Grundstock ihrer weiteren Zucht insgesamt sieben Tibet Terrier mit sich, darunter auch Gyantse of Lamleh. Und die

Anerkennung der Tibet Terrier als eigenständige Rasse und die Formierung einer »Gesellschaft für tibetische Hunderassen« im Jahre 1934 führt nun dazu, daß man insgesamt zu einer neuen Klassifizierung der tibetischen Hunderassen schreitet und entsprechende Standards publiziert. Die Tibet-Terrier-Zucht aber muß sich gleich zu Anfang der Tendenz der britischen Zuchtrichter widersetzen, sie an das Bild der britischen Terrier anzugleichen. Ein Vorgang, der sich später auch in Deutschland wiederholen wird.

ENTWICKLUNG IN ENGLAND: LAMLEH UND LUNEVILLE

Erst im Jahre 1937 wird unseren Tibet Terriern in England ein eigenständiger Meisterschaftsstatus zuerkannt, und im Jahr darauf wird während der Cruft's Show 1938 zum ersten Mal eine »Anwartschaft für einen Championtitel« in eigenen Ausstellungsklassen verliehen. Anläßlich der Ausschreibung zur »Cruft's«, der wohl berühmtesten Hundeausstellung der Welt, findet sich im Katalog auch eine »Beschreibung des Tibet Terriers«. In dieser erkennen wir schon weitgehend den uns bekannten Typ, einen kompakten, kraftvollen, aber nicht plump geratenen Hund von 7,2 bis 13,6 Kilo Gewicht mit starkem, zweischichtigen Haarbehang am ganzen Körper und fröhlich über der Kruppe geringelter Rute. Hier lesen wir auch schon zu Anfang den Vergleich mit dem »Bobtail Sheepdog«! Erst die neueste Fassung des Standards nach F.C.I. Nr. 209 von 1990 (siehe Kapitel 4!) verzichtet auf diesen Vergleich. Abweichend von dem heutigen

Standard wird 1938 ein etwas kürzerer Fang beschrieben. Leider finden wir weder im Standard 1934 noch in der Beschreibung für die Cruft's eine detaillierte Darstellung der Gangart des Tibet Terriers. Übrigens, der Gewinner der Zuchtausstellung in der Cruft's heißt Thoombay of Ladkok.

Die Gemeinde der Liebhaber und Züchter von Tibet Terriern wächst stetig, auch »international« oder, wie die britischen Insulaner sagen, in »Übersee«. Dr. Greig zieht 1937 mit ihren Hunden nach Roydon, und im gleichen Jahr schickt sie Tibet Terrier nach Italien. Im Jahre 1939 gelangen Hunde aus ihrer Zucht auch nach Indien, Dänemark und Deutschland. Selbst der Zweite Weltkrieg kann die Zucht nicht vernichten. Frau Greig rettet einen geeigneten Grundstock der Rasse über diese schweren Zeiten hinweg. Und gleich nach dem Krieg entwickelt sich durch neue Importe die Zucht entscheidend weiter. Vor allem die Hunde aus dem Zwinger »of Latmah« von Frau Dunning-Turner verbinden sich intensiv mit den originalen Blutlinien der Lamlehs. Doch auch zu diesem Zeitpunkt bleibt Tibet-Terrier-Zucht Dr. Greigs Zucht.

Und Frau Greig entwickelt mit den Jahren gewisse starrsinnige Eigenarten. Man kann auch sagen, sie wird ein bißchen »schrullig«! So weigert sie sich grundsätzlich, ihre Hunde für eine Schau herzurichten. Allerdings besitzt sie zu diesem Zeitpunkt bereits so viele Hunde, daß sie wohl auch gar nicht in der Lage ist, sie von der Pflege her in der Verfassung für Ausstellungen zu halten. Jedenfalls lautet ihr Credo, die Hunde so zu halten wie in Tibet! Dabei übersieht sie den wesentlichen Unterschied zwischen dem trockenen Klima in Tibet und den nassen Wintern in England, die schnell dazu führen, daß das schwere Haarkleid der Hunde verfilzt.

An dieser Stelle könnte man als Leser glauben, man dürfe sich zurücklehnen und von nun an eine kontinuierliche Entwicklung der Tibet-Terrier-Zucht bis zum heutigen Zeitpunkt erwarten. Doch weit gefehlt, es kommt völlig anders. Das Jahr 1953 wartet mit einem Ereignis auf, das einschneidende Veränderungen in der gesamten Population der Tibet Terrier nach sich zieht. Eine so unglaubliche Geschichte, daß, wenn man sie erfände, sie jedermann für völlig unglaubwürdig hielte!

Im Norden Englands lebt das Züchterehepaar Downey. Unter ihrem frankophonen Zwingernamen »Luneville« haben sie eine florierende Pointer-Zucht aufgebaut. Herr Downey ist im Hauptberuf Polizist und findet auf dem Liverpooler Hafendock einen kleinen, verlassenen Hund. Er nimmt »Dusky«, so nennen die Downeys ihn, mit nach Hause und wartet vergeblich, daß sich ein Besitzer meldet. Dusky ist ein hübscher, langhaariger Hund von ausgesprochen angenehmem Charakter, darum behalten ihn die Downeys. Wohl eher zufällig, zumindest wird es so erzählt, sieht ein Zuchtrichter den Hund und schlägt den Downeys vor, ihn als Tibet Terrier beim Britischen Kennel Club registrieren zu lassen. Und tatsächlich wird dieser Hund unter dem Namen »Trojan Kynos«, also »Trojanischer Hund«, mit dem Zusatz »unbekannte Abstammung« zum Tibet Terrier gemacht. Betrachtet man den Namen, muß man den Downeys wirklich einen typisch englischen Humor attestieren!

Bis zum Jahre 1955 erringt Trojan Kynos auf Zuchtausstellungen sogar den Championtitel. Doch wird dadurch eine heftige Diskussion um die Abstammung Duskys entfacht und bezweifelt, daß es sich bei ihm um einen genuinen Tibet Terrier handelt. Für uns heute unverständlich, entscheidet der Britische Kennel Club, die Berechtigung der Einwände vom Erfolg der Nachkommen des Trojan Kynos in den Ausstellungsringen abhängig zu machen! Das hält Dr. Greig natürlich nicht davon ab, weiter erbittert gegen die Anerkennung anzugehen, weil sie sich nach genetischen und nicht nach ästhetischen Maßstäben richtet. Für sie bleibt Trojan Kynos immer ein »crossbred«, ein »Kreuzling«! Weil der »Zufallsmischling« oder Bastard, der Straßenköter also, im Englischen »mongrel« genannt wird, läßt sich in der Bezeichnung »crossbred« auch die Unterstellung einer bewußten Täuschung durch die Downeys ahnen.

Und das Schicksal lenkt die Entwicklung der Zucht in zwei weiteren Schritten endgültig in eine völlig neue Richtung. Ebenfalls im Jahre 1955 wird die Hündin Princess Chan, »unbekannte Abstammung«, als Tibet Terrier registriert. Mit Frau Greigs Rüden Pa Sang of Lamleh entsteht ein Wurf, aus dem es den Downeys gelingt, die goldfarbene Hündin Princess Aureus, genannt Dawn, zu erwerben. Dusky und Dawn werden zum Gründungspaar der berühmten Luneville-Tibet-Terrier. Und dann überreden die Downeys sogar Frau Greig zu einem Wurf mit ihrem Rüden Kala Kah of Lamleh und einer Hündin aus dem ersten Wurf von Dawn und Dusky, Luneville Lady Penelope.

Warum Dr. Greig dieser Verbindung zustimmt, ist schwer verständlich. Vielleicht wollte sie den genetischen Einfluß von Trojan Kynos auf die Rasse minimieren. Doch das Gegenteil geschieht. Die Downeys züchten eine eigene Linie von Tibet Terriern, die Luneville-Linie, die den originalen Linien von Dr. Greig bald den Rang abläuft. Denn die kleinere, damals vor allem im Haar elegantere Erscheinung des Luneville-Tibet-Terriers entspricht mehr dem Geschmack der Zeit in der Rassehunde-Zucht als die Lamlehs. Tibet Terrier sind insgesamt recht langsam reifende Hunde, aber die Lamlehs brauchen besonders viel Zeit. Es dauert zwei bis drei Jahre, bis sie sich zu einem fertigen Hund entwickelt haben. Und helle Farbtypen, auch die ganz weißen, haben oft erst nach vier Jahren ihre Haarentwicklung vollständig abgeschlossen! Ein Luneville-Tibet-Terrier aber sieht bereits mit 18 bis 24 Monaten aus wie ein erwachsener Hund. Und auch die kürzeren Läufigkeitsintervalle kommen den züchterischen Interessen entgegen.

Enttäuscht und frustriert muß Dr. Greig diese Entwicklung mit ansehen. Es ist wohl ein reiner Zufall, daß die US-Amerkanerin Alice Murphy in eine freundschaftliche Verbindung mit ihr tritt. Auf diese Weise gelangt ein wertvoller Grundstock für eine reine Lamleh-Zucht in die USA. Frau Murphy züchtet unter dem Zwingernamen »Lamleh of Kalai«. Seit Ende der achtziger Jahre gewinnt die amerikanische Lamleh-Zucht einen großen Einfluß vor allem auf die Zucht in Deutschland.

In England aber geraten die Züchter von reinen Lamleh-Linien in die Rolle einer Minderheit. Es dominieren die Luneville-Hunde, die es sogar zu »best in show« Titeln in offenen Ausstellungen bringen. Tibet Terrier sind »in«. Und diese Entwicklung läßt sich durchaus an Zahlen ablesen. Wurden im Jahre 1948 in England lediglich 40 Tibet Terrier neu registriert, waren es im Jahre 1976 immerhin schon 226. Und für das Jahr 1994 werden ca. 750 neue Registrierungen vermerkt. Aus den englischen Zwingern gelangen Tibet Terrier auch weiterhin in andere Länder. In Schweden entwickelt sich eine kleine Lamleh-Zucht. In Dänemark und Finnland basiert die Zucht auf Lamleh- und Luneville-Abkömmlingen sowie Hunden aus Deutschland.

DIE ENTWICKLUNG DER ZUCHT IN DEUTSCHLAND

Krise gleich am Anfang

Kaum begonnen, droht die 1939 angefangene Zucht in Deutschland bereits an Inzucht und Kriegswirren zu scheitern. Frau Erika Bruns, Berlin, hat gerade zwei gedeckte Hündinnen, Zosmi und Loki of Ladkok, von Dr. Greig importiert, doch die Einfuhr eines bereits avisierten Rüden wird durch Devisenprobleme und den Ausbruch des Zweiten Weltkriegs verhindert. Nur Loki bringt Nachwuchs, zwei Hündinnen, und nun muß unbedingt ein Rüde her! Schließlich wird Frau Bruns in Italien fündig. Sie erwirbt Dyck, einen aus tibetischen Vorfahren gezüchteten Rüden. Sein großrahmiger Körperbau schafft allerdings in Verbindung mit Zosmi Probleme, doch aus der Verbindung mit Loki entwickeln sich hervorragende Nachkommen. Unter diesen werden vor allem der Rüde Ibu »von Tiergartenbrück«, das ist Frau Bruns Zwingername, und die Hündin Mara genannt.

Mara stammt aus einer ungeplanten Inzestverbindung von Ibu und seiner Mutter Britta und ist ihrerseits die Mutter des späteren

Abb. 14: Sö nam von Lu-Khang, eine der letzten „Alten Deutschen".

Foto: Koch

Weltsiegers »Dschowo vom Potala«. Natürlich muß Frau Bruns unter den gegebenen Umständen grundsätzlich in enger Linien-, ja Inzestzucht vorgehen. Eigentlich gibt es in Deutschland zu dieser Zeit genug geeignete Tibet-Terrier-Rüden für eine Zucht, sogar fünf an Zahl - nämlich im Kölner Zoo! Dorthin hat sie Dr. Schäfer von einer Tibet-Expedition mitgebracht. Aber der Zoodirektor, Dr. Zahn, weigert sich hartnäckig, seine Rüden Frau Bruns zum Decken zur Verfügung zu stellen!

Wir können die Motive für diese Weigerung heute nicht mehr nachvollziehen. Spekulieren wir deswegen: Der Zoodirektor will seine exotischen Raritäten nicht zu bloßen Haushunden »herabgewürdigt« sehen. Und die Tragik des Krieges führt dazu, daß beim Großangriff auf Köln, mit anderen

45

Zootieren, alle Tibet Terrier umkommen, ohne Nachzucht zu hinterlassen! Und noch schrecklicher trifft der Krieg Frau Bruns. Bei der Einnahme Berlins durch die russische Armee wird sie, zusammen mit all' ihren Hunden, erschossen.

Glücklicherweise kann die Zucht vor allem von Frau Täuber mit Hunden fortgesetzt werden, die sie von Frau Bruns erhalten hat. Frau Täuber führt den Zwingernamen »vom Potala«, der bis heute seinen besonderen Klang unter den Liebhabern der Tibet Terrier behalten hat. Doch die Zuchtbasis ist inzwischen so eng geworden, daß Weiterzucht ein Risiko wird. Ein »outcross« ist die einzige Lösung des Problems, ein fremder Rüde also. Und tatsächlich, die zunächst in Thüringen lebende Frau Täuber bekommt von einem sowjetischen Besatzungsoffizier den Rüden R'Apso zur Verfügung gestellt. Der goldfarbene, nur 30 cm große Rüde stammt aus kaukasischer Zucht mit einem Tibet-Terrier-Paar und erweist sich als idealer »outcross«. Seine Verbindung mit Mara, 1947, ergibt Dschowo vom Potala, den späteren Weltsieger von 1956. Erwähnen müssen wir hier, daß Frau Täuber bald in den Westen Deutschlands übersiedelt, wo sie unter ihrem Zwingernamen zwar die Zucht von Tibet Terriern weiter betreibt, sich aber hauptsächlich der Zucht von Lhasa Apsos zuwendet.

Aber auch in der ehemaligen DDR wird unter großen Mühen eine kleine Zucht von Tibet Terriern fortgeführt, wobei sich u.a. Frau Gartenschläger besondere Verdienste erwirbt. Auch sie züchtet unter dem Zwingernamen »vom Potala«. Mit zäher Ausdauer ringt sie hin und wieder den DDR-Behörden die Erlaubnis ab, Deckrüden aus dem Ausland, z.B.

Dänemark, in die DDR einzuführen oder DDR-Hunde im Ausland decken zu lassen. Erst wenige Jahre vor dem Fall der Mauer lockern sich die Fesseln für die Zucht, und einige neue Züchter erweitern deren Basis. Nach dem Fall der Mauer werden die ehemaligen DDR-Züchter schnell in die vorhandenen Zuchtvereine der BRD integriert.

Schauergalerie

Die deutsche Tibet-Terrier-Zucht übersteht also mit knapper Not die Fährnisse des Krieges. Doch schon droht ihr eine neue Gefahr, eine Art von »Selbstvernichtung«! Seit 1938 nämlich wird die Rasse vom Klub für Terrier (KFT) betreut. Und in der Bundesrepublik wird diese Praxis fortgesetzt. Der KFT führt das Zuchtbuch einer ihm eigentlich wesensfremden Hunderasse und richtet sie auf Ausstellungen. Aber die Konflikte sind vorprogrammiert. Hören wir dazu Frau Getrud Weber, eine der treibenden Kräfte der späteren Neugründung eines eigenen Klubs für tibetische Hunderassen in der Bundesrepublik: »*Zwar bemühte man sich im Klub für Terrier sehr darum, die Tibet-Terrier richtig zu beurteilen; aber die Versuchung, sie als ›Terrier‹ zu sehen, ergab oft problematische Beurteilungen auf Ausstellungen. So wurde die für den Tibet-Terrier so typische, tief angesetzte Hinterhand nicht genügend beachtet; ebensowenig das relativ kurze Vorgesicht; ein auch nur knapper Vorbiß wurde bestraft; vor allem den Paßgang besonders typischer Tiere lehnten die Richter als Fehler ab. Es geschah des öfteren, daß ein nach dem Tibet-Terrier-Standard ausgezeichnetes Exemplar der Rasse hinter eines gesetzt wurde, das dem Richter mehr ›terrierhaft‹ erschien.*«

Doch noch bedrohlicher wird eine andere Praxis des Klubs für Terrier. Hören wir auch hier wieder Frau Weber:

»Von Zeit zu Zeit erschien bei der Geschäftsstelle des Klubs für Terrier jemand mit einem langhaarigen Exemplar von Hund, das - so der Besitzer - ein ›garantiert reinrassiger Tibet-Terrier‹ sei, der unbedingt beim Klub eingetragen werden müsse. Manch eines der Tiere stammte angeblich aus amerikanischem Besitz; ihnen allen aber war gemeinsam, daß keines irgendwelche Papiere hatte. Da wurde so manches langhaarige, angeblich echt tibetische Exemplar ohne Abstammungsnachweis eingetragen. Im spektakulärsten dieser Fälle versprach der Besitzer des ›echten Importes‹ sogar die Nachlieferung der Ursprungspapiere - aus Tibet!-, die allerdings nie erfolgt ist. Es begab sich auf zwei aufeinanderfolgenden Bundessiegerausstellungen - 1960 und 1961 -, daß ›Bingo‹, jener Rüde mit dem versprochenen Abstammungsnachweis aus Tibet, helläugig, mit langem Vorgesicht, mit einschichtigem, fusseligem Haar und hängender Rute, mit trippelndem Gang auf Katzenpfoten, einem rasseechten und typischen Tibet-Terrier - u.a. Faruk von dem Musenberg, der später Weltsieger wurde - vorgezogen und zum Bundessieger gekürt wurde. Doch damit noch nicht genug: der Besitzer dieses Bundessiegers empfahl allen Zwingern seinen Hund als Deckrüden. Allerdings folgten nur zwei Züchter diesem Rat.«

Noch heute können wir die Empörung Frau Webers über diese Vorgänge nachempfinden. Und bei der Beschreibung des Rüden ›Bingo‹, angefangen von »helläugig« bis »trippelnder Gang auf Katzenpfoten«, läuft auch dem heutigen Kenner des Tibet Terriers ein kalter Schauer über den Rücken! Frau Weber jedenfalls ist nicht gewillt, diese Entwicklung hinzunehmen. Mit einigen Mitstreitern dokumentiert sie alle zweifelhaften Tibet Terrier und legt ein Fotoalbum an, das sie, halb scherzhaft, halb ernst, »unsere Schauergalerie« nennt. Im Laufe der Zeit kommen 17 Fälle solcher Pseudo-Tibet-Terrier zusammen.

Alte deutsche Linie

Frau Weber müht sich ihrerseits nach Kräften, Tibet Terrier vom »alten, bewährten Schlag« zu züchten. Ob dieser Begriff von ihr stammt, ist unklar, doch drückt er bereits das aus, was den Kennern heute und damals sichtbar ist. In Deutschland hat sich eine eigene Linie von Tibet Terriern entwickelt, die wir heute den »alten deutschen Typ« oder »alte deutsche Blutlinie« nennen und der sich durchaus von den ursprünglichen Lamlehs, aber auch von den »Luneville-Hunden« in England unterscheidet. Angela Mulliner benutzt in dieser Hinsicht den Begriff »German background«. Fast meint man darin das gewisse Unbehagen über eine recht problematisch zu definierende Linie zu spüren! Auch bei uns gibt es Fachleute, das sollte man erwähnen, die diesem Begriff sehr skeptisch gegenüberstehen.

Frau Webers Zucht basiert auf »Faruk von dem Musenberg«, dem Weltsieger von 1965, einem Abkömmling von Dschowo vom Potala. Zwei besonders erfolgreiche Söhne Faruks, Dordsche und Dschigme vom Gaurisankar, spielen in der Zucht Finnlands und der Schweiz eine bedeutende Rolle. Die gezeigte Tibet-Terrier-Hündin »Sö-nam von Lu-Khang« geht u.a. auf »Fatme« zurück, einer Schwester Faruks. Wenn man so will, gehört Sö-nam zu den letzten Abkömmlingen der »Alten Deutschen«.

Inzwischen spitzen sich die Ereignisse in Deutschland, Bundesrepublik, zu. Die Züchter von Tibet Terriern befürchten wegen der schmal gewordenen Zuchtbasis, daß es bald keine rasseechten Tibet Terrier mehr gibt. Darum gründen sie 1966 einen eigenen Klub, den »Internationalen Klub für Tibetische Hunderassen e.V.« (KTR), der 1967 in das Vereinsregister (Bad Homburg) eingetragen wird. Der neue Klub gewinnt nicht nur Professor Heinrich Harrer, den bekannten österreichischen Tibetforscher und Freund des Dalai Lama, zum Ehrenvorsitzenden. Unter dem Dach des VDH erreicht die KTR auch die Betreuung aller in Deutschland gezüchteten tibetischen Hunderassen, dem Tibet Terrier, Lhasa Apso, Tibet Spaniel und Tibet Mastiff! Und gleich zum Anfang macht der KTR Schluß mit dem Unwesen der »Pseudo-Tibet-Terrier«.

Luneville-Tibet-Terrier in Deutschland

Um die Zucht von Tibet Terriern wieder auf eine gesicherte Basis zu stellen, müssen Zuchttiere aus dem Ausland eingeführt werden. Im Vordergrund stehen, wie nicht anders zu erwarten, Importe aus England. Den Anfang macht Herr Boese, Zwingernamen ›Yi-dam‹, mit dem von Angela Mulliner 1968 gezogenen Rüden ›Hoka Dzong Kangri‹, der 1970 in Deutschland registriert wird. Hokas Vater ›Pontac Heltah of Lamleh‹ zeigt noch die Lamleh-Abkunft, die Mutter ›Luneville Princess Pamba‹ bereits den Einfluß der Luneville-Linie der Downeys. Noch im gleichen Jahr folgt die Hündin ›Kinchinjinga of Yakalo‹ in den Yi-dam-Zwinger nach, ebenfalls von Kangri-Eltern abstammend. Und mit ›Luneville Princess Paola‹ holt Herr Heitmann noch 1970 eine rein aus der Luneville-Linie gezogene Hündin in seinen Zwinger ›Rimpoche‹.

Diese drei englischen Tibet

Abb. 15:
Luneville-Spielgefährten:
Tradün Manda und Joba.

Foto: Ludwig

Terrier leiten die große Zeit der Luneville-Hunde in Deutschland ein. Unter den Importen sowohl aus England als aus benachbarten Ländern wie Dänemark oder Österreich sollen hier noch die Rüden ›Willowbrae Willow‹, von Frau Judith Smith in England gezogen und 1975 in Deutschland registriert, sowie dessen Sohn ›Dokham Figaro‹ genannt werden. Dieser wird 1977 von Frau v. Creytz, Zwingernamen ›Ben-sa-ba‹, zum Eintrag ins Zuchtbuch angemeldet. Willow stammt übrigens von einem Lamleh-Vater und einer Luneville-Mutter ab.

Der Ruf dieser Hunde wird aber von einem Namen weit überstrahlt: ›Nefertari Sindbad of Willowbrae‹! Vielen gilt dieser Rüde noch heute als einer der prägenden Vererber der 80er Jahre. Sindbad sollte eigentlich in die DDR zu Frau Fanghänel, Zwingernamen ›vom Herzberg‹, gehen. Doch dieses Vorhaben scheiterte, und so wurde Sindbad von Frau Hoppe, Zwingernamen ›von Lu-Khang‹, erwor-

ben und 1984 eingetragen. Erst 1991 geht die Dominanz der Luneville-Tibet-Terrier in Deutschland mit dem Champion ›Tradün Joba‹ vorläufig zu Ende.

Die Rückkehr der Lamlehs

Anfang der 70er Jahre gibt es in Europa nur noch eine kleine Schar reiner Lamlehs. In England werden sie von einer winzigen Anzahl von Züchtern so gerade vor dem Aussterben bewahrt. Einige Lamlehs finden sich in Skandinavien. Nur in den USA hat sich, ausgehend von Frau Murphys Zwinger »Lamleh of Kalai«, durch eine kleine, aber engagierte Züchtergruppe eine reine Lamleh-Linie weiterentwickelt, die es in den amerikanischen Ausstellungs-shows mit der Konkurrenz der anderen Rassen aufnehmen kann, wenn es um den »best in show« geht. Doch vollständig ist auch von Deutschland aus der Kontakt zu den Lamlehs nie ganz abgerissen. Wegen der oft schmalen Zucht-basis im eigenen Land unterhalten

die Züchter auch über große Entfernungen hinweg Kontakte, um Zuchttiere auszutauschen. Als 1967 der KTR gegründet wird, findet sich in seinen Reihen eine namhafte Zahl ausländischer Züchter und Halter als Mitglieder. Zumindest die europäischen Lamlehs in Skandinavien, aber auch in England werden so im Auge behalten.

Anfang der 80er Jahre rückt vor allem die amerikanische Lamleh-Zucht, in den USA und Kanada, immer mehr in den Blickpunkt des Interesses. Doch die Berichte von USA-Reisenden klingen noch zwiespältig und kritisch. Denn in den Vereinigten Staaten hat das Ausstellungswesen einen wesentlich höheren gesellschaftlichen Stellenwert als in Europa. Die Neigung zur effektheischenden Show ist auch an den amerikanischen Lamlehs nicht spurlos vorübergegangen. Gewöhnt an die »old fashioned« Zustände in Europa, sehen Besucher häufig hochbeinige, recht schlanke Lamlehs, an denen sie zudem oft das Gangwerk, aber auch eine Veränderung des typisch tibetischen Kopfes kritisieren. Die amerikanische Zucht sei in erster Linie auf »Blendwerk« mit üppigem Haar ausgerichtet, nicht aber auf den Erhalt des originären tibetischen Typs, wird moniert. Andererseits leugnen auch diese Kritiker nicht, daß es unter den amerikanischen Lamlehs einige sehr ansehnliche Tiere gibt.

Seit etwa 1985 aber läßt sich eine dramatische Umkehrung des Trends bei den Züchtern beobachten. Lamlehs aus Schweden, England, dann aber auch aus den USA werden zuerst in die Niederlande, schließlich auch nach Deutschland importiert. Woher kommt dieses neue Interesse an den Lamlehs? Hören wir dazu Mary und Uli Marggraf, die 1990

im KTR-Reporter die »Rückkehr der Lamlehs« feststellen: ».. *Eines der Motive ist der Wunsch, wieder zurückzugehen zum ursprünglichen TT-Typus...Lamlehs sind anders - in Erscheinung, Charakter und in der Zeit, die sie brauchen, um erwachsen zu werden. Ihre Haare wachsen langsamer, und es sind meist die älteren, reiferen Lamlehs, die im Ring wirklich gut aussehen. Lamlehs sind nicht schnell erwachsen, sie brauchen Zeit, um sich zu entwickeln. Besonders das Skelett hat mehr Zeit zur vollständigen Ausformung nötig. Es gibt inzwischen einige Lamleh Champions, aber der Weg zum Champion ist für sie mühsamer als für ihre nicht-Lamleh Artgenossen. Eines haben showehrgeizige Besitzer von Lamlehs in jedem Fall nötig: Viel Geduld und Verständnis für das sehr oft zurückhaltende und gleichzeitig eigensinnige Wesen der Lamlehs.«*

Über die Ursachen des den Lamlehs nachgesagten »anderen« Wesens gibt bereits der Blick auf das eigenständige Hüteverhalten der tibetischen Vorfahren unserer Hunde Auskunft. Offen bleibt bisher aber das zweifellos beobachtbare Phänomen der langsamen Reifung des Tibet Terriers, und insbesondere der Lamlehs. Diese langsame Entwicklung widerspricht dem üblichen Erscheinungsbild vieler anderer europäischer Hunderassen. Kleine Hunde reifen meist früh und werden recht alt, große entwickeln sich recht langsam bei einer insgesamt wesentlich kürzeren Lebensdauer. Gewiß können auch Lamleh-Hündinnen mit sechs Monaten bereits läufig werden, aber oft zögert sich die Hitze etliche Monate weiter hinaus. Und Läufigkeitsintervalle von acht oder noch deutlich mehr Monaten sind nicht sel-

Abb. 16: Sam, Reggi und Duke, eine fröhliche Lamleh-Bande.

Foto: Golzem-Horn

ten. Für die Entwicklung bis zum vollständig ausgereiften Hund gibt es Angaben von bis zu vier Jahren. Das gilt aber wohl in erster Linie für die Haarentwicklung. Doch auch die Ausprägung der vollen Körpersubstanz des erwachsenen Hundes kann länger als drei Jahre dauern. Und Tibet Terrier werden zudem mit ungefähr 15 Jahren recht alt. Sicher müssen diese Eigenschaften auf das genetische Erbe der tibetischen Vorfahren zurückgeführt werden. Aber der »evolutionäre« Vorteil der langsamen Reifung des tibetischen Hütehundes ist bisher unerforscht.

Fazit und Stand der Zuchtentwicklung

Ob alte deutsche Linie, Luneville oder Lamleh, alle diese Linien des Tibet Terriers basieren zu jeweils entscheidenden Teilen auf den ursprünglichen Ladkoks, Lamlehs und Latmahs, wie sie von der Begründerin der Zucht, Frau Dr. Greig, herangezogen wurden. Und man muß sich vorsehen, dort eine grundsätzliche Unterscheidung vorzunehmen, wo doch eigentlich eher nur fließende Übergänge zu finden sind.

Manchmal hört man von einigen Züchtern, daß das Haar der reinen Lamlehs oft problematischer als das der Luneville-Vertreter sei. Aber für die Haarqualität dürfte eher die Zuchtwahl entscheidend sein, nicht die Abstammung von der Lamleh- oder Luneville-Linie. Es finden sich reine Lamlehs und Luneville-Hunde mit vorzüglichem Haar, andere dagegen, aus beiden Linien, wo die Haarqualität nicht optimal erscheint.

Auch der KTR ist von heftigen Spannungen unter den Mitgliedern nicht verschont geblieben. Vermuten wir mal eher menschliche Querelen statt wirklich sachlich unterschiedliche oder gar unvereinbare Auffassungen über die Zucht. Heute gibt es unter dem Dach des VDH insgesamt drei Vereine, in denen Tibet Terrier gezüchtet werden. Das sind neben dem KTR der »Internationale Club für Lhasa Apso und Tibet Terrier« (ILT) wie auch der »Spezialclub für Tibet Terrier und Lhasa Apso« (CTA), gegründet 1981. Die Kontaktadressen finden sich im Anhang. Zusammen haben die drei Klubs im Jahr 1994 offiziell 851 Tibet-Terrier-Welpen beim VDH registrieren lassen, davon alleine der KTR 460.

51

Kapitel Vier

DAS HEUTIGE ERSCHEINUNGS-BILD DER RASSE

Der Hund, der den Mond auf
dem Rücken trägt

Champions der Ausstellung

Bekannte und bedeutende
Zuchtrüden

Kamerad Tibet Terrier

Bemerkungen zur Zuchtschau

Der FCI-Standard des Tibet Terriers

Abb. 17: Bin ich nicht süß? Na-ran-tsho An-tshi.   *Foto: Meurer*

DER HUND, DER DEN MOND AUF DEM RÜCKEN TRÄGT

Tibetische Beschreibung des Tibet Terriers.

Es gibt Hunderassen, die in Form, Größe, Haar, Farbe und Zeichnung recht eng festgelegt sind. Sieht man als Laie zwei oder drei Vertreter davon, glaubt man, die Rasse zu kennen. Nur dem Fachmann erschließen sich deren Varianten und Unterschiede. Wer jedoch als neugieriger Laie unverhofft in das Gewimmel einer Spezialzuchtschau für tibetische Hunderassen gerät, der mag es auf den ersten Blick gar nicht glauben, daß die 50 oder 70 Hunde, die dort als Tibet Terrier paradieren, gebürstet werden, sich unter Tischen, Stühlen, manchmal in Käfigen, rekeln oder gerade auf dem Löseplatz herumschnüffeln, auch wirklich zu ein und derselben Rasse gehören. Natürlich irritieren ihn zuerst die sehr unterschiedlichen Farben und Zeichnungen, aber auch die Haaranlage, Form und Größe der verschiedenen Tiere. Und meint er dann, sich durch mutige Fragen endlich einen Durchblick verschafft zu haben, erkundigt er sich beim nächsten Lhasa-Apso-Besitzer, bei welchem Züchter man denn so entzückende Tibet Terrier bekommen könne. Und wundert sich über dessen pikierte Blicke!

Es gibt Liebhaber der Rasse, die diese Vielfalt des Erscheinungsbildes des Tibet Terriers für einen kostbaren genetischen, aber auch ästhetischen Schatz halten, den andere, enger ausgelegte Rassen nicht vorzuweisen haben. Dazu gehöre auch ich. Natürlich gibt es aber auch kritische Stimmen, die in der Vielfalt die Gefahr der Beliebigkeit sehen. In jedem Fall

macht der Tibet Terrier es dem Neuling am Anfang nicht ganz leicht. Wer sich ein fundiertes Bild von der heutigen Erscheinungsform der Rasse machen will, muß sich schon zu einer eingehenderen Betrachtung aufraffen. Wir wollen das am Beispiel einiger hervorragender Tibet Terrier unternehmen, aber auch den »Normalhund« nicht vergessen.

CHAMPIONS DER AUSSTELLUNGEN

Einen in den Ausstellungen besonders auffälligen Tibet Terrier finden wir in Sheydon's Sam Dup . Offenkundig entspricht dieser Lamleh-Rüde in großem Maß der Vorstellung der internationalen Zuchtrichter von einem Tibet Terrier, und deswegen befassen wir uns mit ihm etwas näher. Gezogen von der amerikanischen Tierärztin Toodie Connor, Zwingername Sheydon, steht Sam Dup heute in Deutschland im »Zwinger« Schanti. Für eine nähere Betrachtung richten wir unseren Blick auf das Bild des jugendlichen Hundes, weil hier auch der Laie die wichtigsten Merkmale des Rüden sieht.

Schon auf den ersten Blick erkennt man bei Sam die ideale, absolut quadratische Proportion des Körpers. Seine hervorragend entwickelte, kräftige Muskulatur, die man selbst unter dem langen Haar bemerken kann, unterstützt diesen Eindruck, ebenso die hoch angesetzte Rute. Sehr schön proportioniert erscheint auch der Kopf. Die Nasenlänge entspricht der Länge vom Stop bis zum Hinterhauptbein, wobei der Kopf weder zu lang noch zu kurz geraten ist. Abgerundet wird das Profil des Kopfes durch eine gute Schnauzensubstanz. Das deutlich

Abb. 18: Der junge Sheydon's Sam Dup.   Foto: Golzem-Horn

ausgeprägte Kinn bewirkt einen insgesamt stumpfen Ausdruck. Desweiteren zeigt der Rüde eine hervorragende Schulterstellung, und diese bedingt eine auffallend schöne, elegante Hals-Nackenlinie. Dabei liegen die Schulterblätter weit zurück. Nach vorne schließt eine erstaunlich gut angelegte, gerade Vorderfront mit tiefem und breitem Brustansatz den Körper ab.

Der Rücken ist fest und kräftig; auf Druck gibt er nicht nach, wird nicht weich. Der Brustkorb ist gut aufgerippt, weder faßförmig rund noch flach, sondern leicht oval. Und eine ausgeprägte Hinterhandwinkelung mit tief angesetztem Sprunggelenk akzentuiert auf der anderen Seite des Körpers den gesamten Körpereindruck. Das Zusammenspiel der ausgezeichneten Vorderhandkonstruktion und der Hinterhandwinkelung ergibt ein hervorragendes, rassetypisches Gangwerk mit viel Schub aus der Hinterhand. Deutlich erkennt man

zudem die ausgeprägt großen, runden Pfoten des Hundes. Und von besonderer Qualität erweist sich auch das Haar des Rüden. Von fester, harter Substanz, nicht wollig oder wattig, und ausgestattet mit gut ausgearbeiteter Unterwolle, entspricht es in besonderer Weise der im Standard geforderten Textur.

Auf seine Art fast ebenso auffällig als erfolgreicher Ausstellungschampion erscheint Schanti's Reggi-Lamleh (Abb.19), Sohn von Sam Dup und Woodruff's Aurora, einer eleganten, goldfarbenen Hündin aus den USA. Im vorliegenden Bild ist Reggi zwei Jahre alt. Der erste Eindruck wird durch das attraktive Farbspiel des Rüden bestimmt. Ein dunkler Rückensattel, der sich bis über Nacken und Hals hinwegzieht, steht in reizvollem Kontrast zu der in fast allen Schattierungen auftretenden Lohfarbe des übrigen Haars.

Die Farben »black« und »tan«, wie sie auf Englisch heißen, gelten heute den meisten Kynologen als Grundfarben aller Hunde. »Black« erscheint schwarz, »tan«, was ich aus dem Englischen mit »Lohfarbe« übersetze, rötlich bis gelb. Beiden Farben liegen zwei unterschiedliche Pigmentierungen zugrunde. Die Auswirkung der genetisch veranlagten Grundfarben auf die aktuelle Färbung eines Hundes unterliegt einem komplizierten Zusammenspiel verschiedener Gengruppen. Bei Reggi finden wir hier eine wirklich abenteuerliche Mischung vor! Es dominieren allerdings die Schattierungen von »tan«, und »black« sehen wir eher in unterschiedlichen Grautönen.

Jede Hunderasse hat, nach Meinung ihrer Liebhaber, bestimmte Stellungen und Positionen, in denen die Vorzüge dieser Rasse besonders zur Geltung kommen. Für Hunde, die quadratisch wirken sollen, ist eine Stellung in der Breitseite zur Kameralinse problematisch, weil dieses künstliche Auge die Rückenlinie optisch verlängert. Doch Reggi braucht diese optische Verzerrung nicht zu fürchten. Nur in ganz minimalem Winkel zur Kamera hingestellt, kommt seine kompakte, quadratische Körperanlage dennoch voll zur Geltung, dazu seine elegante Hals-Nackenlinie, die harmonische Rundung des Kopfes und die großen, runden Pfoten mit dem aufwendigen Haarbehang sowie die schön aufgelegte Rute. Geschickt gemildert aber ist ein kleine Schwäche des Rüden, nämlich der etwas knapp ausgeprägte Unterkiefer.

Selbst im Bild erkennen wir die hervorragende Struktur des Haares, und Reggi widerlegt so das verbreitete Vorurteil, das Lamleh-Haar sei im jugendlichen Alter grundsätzlich problematisch. Die Qualität des Haares ist, wie schon

vorher vertreten, offenbar eher eine Frage der Zuchtauswahl als eine Frage der Zugehörigkeit zu einer bestimmten Zuchtlinie der Tibet Terrier. Wer den Rüden persönlich kennt, weiß auch um eine besondere Qualität, die im Bild nicht zur Geltung kommen kann, nämlich sein besonders freundliches Wesen.

Schauen wir uns noch einen Moment bei Reggi, aber auch Sam, die Linie über Hals und Rücken bis zur Rute an. Wir erkennen hier die halbkreisförmige Rundung, die durch die Hals-Nackenlinie, den Rücken und die aufliegende Rute gebildet wird - genau die Rundung, in die wir die Scheibe des Vollmonds »betten« können. Diese für den Tibet Terrier typische Silhouette hat die Tibeter zu der poetischen Beschreibung des Tibet Terriers als »Hund, der den Mond auf dem Rücken trägt«, veranlaßt.

Im Namen Altan-Khan Sipa-Khorlo (Abb.20) finden wir einen Tribut an jenen Mongolenfürsten, der als Schutzherr der Tibeter den Titel »Dalai Lama« an den Abt des »Gelbmützenordens« verlieh und so die heute noch höchste geistige Autorität des tibetischen Volkes mitbegründete. Der schwarze, mit sparsamen weißen Zeichnungen versehene Rüde wendet uns seinen Kopf zu, der von den Zuchtrichtern als schön und typisch für Tibet Terrier befunden wird. Der tiefschwarze Nasenspiegel, der den Eindruck des stumpfen Fangs verstärkt, und die runde Kopfform, die fortgesetzt wird durch die üppig ausgeprägten, V-förmigen Ohren, vermitteln uns einen Eindruck vom asiatischen Schönheitsideal, in dem ein rundes und eher flaches Gesicht gefragt ist. Im Gegensatz etwa zum Pekinesen dominiert aber im Gesicht des Tibet Terriers nicht die verkürzte »Schnauze«,

Abb. 19: Reggi in „Abendgarderobe".   *Foto: Golzem-Horn*

Abb. 20: Trägt einen großen Namen: „Mongolenfürst" Altan-Khan.

Foto: Pfeifer

sondern das harmonische Verhältnis der Proportionen vom Kopf zu einem stumpf auslaufenden Fang.

Die korrekt angesetzte, etwas herunterhängende Rute, vielleicht ist es dem Rüden beim Fotografie-

ren nicht ganz geheuer, öffnet uns den Blick auf den beim Tibet Terrier gerade angelegten Rücken. Und bei der Ansicht aus der Breitseite erkennen wir den kraftvoll quadratischen Körperbau, den ausgeprägten Brustkorb und die muskulöse, gut gewinkelte Hinterhand.

Eine Besonderheit der für Ausstellungen typischen Präsentation des Rüden, wie auch bei Sam Dup und Reggi-Lamleh sichtbar, liegt in der Stellung der Vorder- und Hinterläufe. Man bemüht sich stets, die Vorderläufe senkrecht zu richten, die Hinterläufe aber etwas schräg zurück, so daß das Sprunggelenk fast senkrecht über den Pfoten steht. In Verbindung mit dem nach vorne-oben gerichteten Kopf, besonders gut bei Reggi-Lamleh zu sehen, verleiht das dem Körperausdruck innere Spannung und Dynamik und wirkt ausgleichend gegen den sonst eher statisch wirkenden quadratisch-kompakten Körpereindruck. Das ist keine unnatürliche Stellung, wie man bei jedem Tibet Terrier sehen kann, der in freier Umgebung zu einem bestimmten Ziel hin prüft und wittert.

BEKANNTE UND BEDEU- TENDE ZUCHTRÜDEN

Die Zuchtrüden bestimmen das Bild der Rasse nachhaltiger als die Hündinnen, weil die Rüden theoretisch unbegrenzt Nachwuchs erzeugen können, die Zahl der Würfe einer Hündin aber auf maximal sechs begrenzt ist. Die Bedeutung von Spitzenhündinnen für die Zucht darf nicht herabgesetzt werden, aber im Brennpunkt der Aufmerksamkeit stehen eher die Rüden.

Sheydon's Sam Dup gehört zu diesen spektakulären Vertretern seiner Rasse, ebenfalls Reggi-Lamleh, doch haben wir beide schon intensiv beobachtet. Wenden wir uns deswegen Silgarhi Varius, genannt Jerry, zu.

Wir sehen einen Tibet Terrier in jener Pose oder Stellung, die vielleicht am wirksamsten die besonderen Vorzüge dieser Rasse zur Geltung bringt. Der im prächtig entwickelten Haar spielende Wind läßt den rassig-eleganten Rüden geradezu fesch und verwegen aussehen. Die dem Betrachter zugewandte Winkelstellung des Körpers vermittelt Tempo und »drive«. Gleichzeitig betont die optische Verkürzung der Körperlinie und der dichte Haarbehang der Beine das kraftvoll Kompakte und verhindert, daß die gesamte Erscheinung ins Zierliche, Künstliche abgleitet. Vor uns steht kein »toy«, kein Spielzeug, sondern ein schöner Hund mit jenem Hauch von Exotik, wie es einer asiatischen Hunderasse zukommt.

Der Fachmann muß sich natürlich zumindest solange solchen Empfindungen verschließen, wie er nicht mit eigenen Händen geprüft hat, ob der Hund unter dem Haar auch hält, was er verspricht. Aber diese Prüfung besteht der Rüde mit Bravour.

Das Bild Yadims (Abb.22) hingegen veranschaulicht uns eindrucksvoll, wie sich in der Gestalt des Tibet Terriers zwei scheinbar gegensätzliche Merkmale, Eleganz und kraftvolle Kompaktheit, harmonisch vereinen. Den Eindruck von Kraft vermitteln uns sowohl die tief angesetzte Brust als auch die gut entwickelte, muskulöse Hinterhand. Die »Brustmähne« wie auch die nach hinten herabgebürsteten Haare an der Hinterhand verstärken optisch diesen Eindruck. Brust und Hinterhand stehen aber in einem ausgewogenen Masseverhältnis zueinander, so daß der Körper des Hundes in der Horizontalen nicht »kopflastig« erscheint. Eine ähnliche Wirkung erzielt die kräftige Beharrung der

Abb. 21: Fescher Stenz Jerry: „Mädels, ich komm"   *Foto: Peine*

Beine. Sie verhindert den Eindruck eines »Kraftpakets auf Stelzen«.

Das Ausschwingen der Hinterhand in ausgeprägten Winkelungen, die durch das sehr tief angesetzte Sprunggelenk noch betont wird, läßt hinten den Eindruck des Groben oder Plumpen gar nicht erst aufkommen. Vorne wird der gleiche Effekt durch den Übergang des Rückens in eine elegante Hals-Nackenlinie erreicht. Auch hier sind die Proportionen entscheidend. Nur um weniges kürzer und dicker, erschiene der Hals schon plump, nur um weniges schmaler und länger, liefe der Körper in einen »Schwanenhals« aus.

Und auch der Kopf des Rüden verdeutlicht uns die ästhetische Wirkung der Norm des Standards. Hierin wird das ausgeglichene Verhältnis von Gesichts- und Kopfschädel zueinander wie auch eine eher runde Form mit stumpfem Abschluß am Fang betont. Man stelle sich die störende Wirkung einer langen, spitz auslaufenden Schnauze und eines schmal verlängerten Kopfschädels vor, aber auch das Gegenteil, nämlich den Eindruck eines größeren, runden Kopfes mit »Plattnase«.

Zum Rücken hin verändert die Silhouette der aufgelegten Rute die gerade Rückenlinie und übernimmt elegant den Schwung der Hals-Nackenlinie. Diese »topline« fängt auch hier die statische Wirkung der quadratischen Erscheinungsform des Körpers auf.

An dieser Stelle muß hervorgehoben werden: Die Körperproportionen des Tibet Terriers sind nicht Ergebnis züchterischer Auslese in Europa nach künstlichen ästhetischen Kriterien, sondern tibetisches Erbe. Und hier steht im Vordergrund die funktionale Anpassung an die klimatischen Bedingungen der Heimat wie auch den Arbeitsanforderungen für die kleinen Hütehunde. Am Beispiel der Kopfform läßt sich das verdeutlichen. Beißen mußten die kleinen Hütehunde schon können, um die Herdentiere zu treiben, nur reißen durften sie nicht, auch nicht Ziegen oder Schafe! Ein längeres, kräftigeres Gebiß könnte gefährlich werden, ein kürzeres aber würde die Drohwirkung auf die zu treibenden Tiere wirkungsloser machen. Das Ergebnis der züchterischen Selektion zeigt eine funktionale Ästhetik, die uns auch heute noch beeindruckt.

Wenden wir unseren nun geschärften Blick auf den im Bild 15

Monate alten Jungrüden Alatiita's Chak-Pa Lu-Khang (Abb.23). Die langsame Reifung des Tibet Terriers läßt sich an seiner Erscheinung im Vergleich zu Altan-Khan und Yadim veranschaulichen. Chak-Pa zeigt hier gewiß schon alle Ansätze für seine Entwicklung zu einem ausgezeichneten Tibet Terrier. Sein Größenwachstum ist abgeschlossen, und der Körperbau läßt in seiner quadratischen Anlage kaum etwas zu wünschen übrig. Auch besticht er durch eine schöne Nacken-Rückenlinie, eine hervorragend aufgelegte Rute und die harmonischen Proportionen des Kopfs mit einem charaktervollen Ausdruck.

Dennoch ist auf den ersten Blick die deutlich geringere Körpersubstanz im Vergleich zum fast dreijährigen Altan und mehr als vierjährigen Yadim sichtbar. Wo die älteren Hunde kompakt und kraftvoll wirken, erscheint Chak-Pa trotz seines schön angelegten Haars eher schlank. Aber gerade auch das Haar verdeutlicht den Reifungsunterschied zu den erwachsenen Hunden. Chak-Pa's Goldtönung gehört sicher zu den attraktivsten Farben, die ein Tibet Terrier zu bieten hat. Auch im Foto wird zudem die feste, kräftige Struktur des Haars deutlich. Obendrein scheint es, als leuchte es von innen heraus, ein Effekt, der nur bei einem gesunden Haar auftritt.

Doch fehlt es dem Haar an Fülle und Länge, allerdings immer nur im Vergleich zu den ausgewachsenen Hunden. Am deutlichsten sieht man das an den Läufen, der Brust und unter dem Bauch, auch wenn eine geschickt eingesetzte Bürste Volumen vortäuscht. Es wird noch eineinhalb bis zwei Jahre dauern, bis Chak-Pa voll ausgereift ist. Erfahrene Züchter berichten mir sogar von Fällen, wo diese Ent-

Abb. 22: Kraftvolle Eleganz; Yadim.   *Foto: Schroth*

wicklung zur vollen Pracht eines ausgewachsenen Tibet Terriers zwischen vier und fünf Jahre gedauert hat.

Die gerade aufgezeigten guten Anlagen Chak-Pa's in Verbindung mit seinem ausgesprochen freundlichen Charakter haben ihn schon früh für etliche Züchter als interessanten Zuchtrüden erscheinen lassen.

KAMERAD TIBET TERRIER

Der Tibet Terrier aber taugt zu mehr als bloß zum Gassigehen, Rekeln auf bequemen Ruhelagern oder zum Spazierentragen seines gepflegten Haarkleids. Diese Meinung vertreten immer mehr Besitzer und erinnern sich daran, daß, Klosterzucht hin, exotisches Langhaar her, der Tibet Terrier auch von den Arbeitshunden tibetischer Viehnomaden abstammt. Noch heute zählt der Tibet Terrier in England traditionell zu den Gebrauchshunden, obwohl mir nicht zu Ohren gekommen ist, daß er dort tatsächlich zum Hüten und Treiben von Ziegen und Schafen eingesetzt wird.

In Deutschland wird der Tibet Terrier eingereiht in die Gruppe der Begleithunde. Und natürlich können auch wir unserem Liebling nicht eine Herde Ziegen oder Schafe bieten, damit sich dessen wahre Qualitäten so richtig entfalten. Als angemessener, moderner Ersatz dafür aber dienen bei uns zunächst die Ausbildung zum Begleithund, dann das Agility-Training, was man wohl am besten mit Geschicklichkeitstraining übersetzt, und der Turnierhundsport. Theoretisch stehen wohl auch andere Ausbildungsmöglichkeiten, z.B. zum Fährtenhund offen, allerdings habe ich hier noch von keinem Beispiel gehört.

Ob Sie nun in der Ausbildung zum Begleithund die Disziplin Ihres Hundes für ein gemeinsames Leben verbessern oder den Schritt in die verschiedenen Anforderungen des Turnierhundsports wagen, allem Training ist eines gemeinsam: Das Wort vom Hund als Kamerad des Menschen wird für Sie und Ihren Tibet Terrier mit einem sinnvollen Inhalt gefüllt. Im Mittelpunkt der genannten Ausbildungsformen steht die abwechslungsreiche, nützliche, interessante und partnerschaftliche Betätigung von Mensch und Hund. Vor allem

beim Einzelhund läßt sich das als geeignetes Mittel gegen die schreckliche Langeweile ansehen, von der so manches Hundeleben geprägt ist.

Das Wort von der interessanten Betätigung ist dabei bestimmt nicht übertrieben. Mein Rüde Terry hat als Rudelhund gewiß im eigenen Heim keinen Mangel an Abwechslung. Aber schon nach wenigen Wochen Ausbildung reagiert Terry bei den ersten Anzeichen, daß es auf den Trainingsplatz geht, »rattendoll« vor Freude, wie man hier am Niederrhein so sagt. Zudem ist es mir bereits gelungen, ihm einen wesentlichen Teil seiner Macho-Allüren abzugewöhnen. Hat er seit dem Alter von 15 Monaten fast jedem fremden Rüden gegenüber zeigen wollen, wer in Siedlung, Wald und Wiese der Boß ist, geschieht das jetzt auf dem Trainingsplatz vielleicht nur noch ein- oder zweimal. Auch auf den

Abb. 23: Goldzobel, gehört zu den attraktivsten Farben des Tibet Terriers.

Foto: Hoppe

Abb. 24: Einordnen, Übung im Sozialverhalten: Terry mit Trainingsleiter Heinrich, rechts oben! Foto: Kraßnigg

Abb. 25: Volles Tempo: 75-Meter-Hindernis-Sprint im Turniersport.
Foto: Stumpf/Unkelbach.

63

Spaziergängen im heimischen Wohnungswald reagiert er im Ernstfall auf mein »Pfui«!

Die Berichte anderer aktiver Tibet-Terrier-Besitzer vom Training mit ihrem Hundepartner sind ebenfalls aufschlußreich. Wirkte ihr Hausgenosse vorher oft nicht ausgelastet, manchmal sprunghaft oder nervend anspruchsvoll, hin und wieder den Kontakt zu anderen Hunden meidend, so veränderte sich mit dem Training sichtbar das Wesen des Hundes. Schon bald wurde er deutlich ruhiger, ausgeglichener und selbstbewußter, dabei verträglich im Umgang mit anderen Hunden und insgesamt disziplinierter im Verhalten.

Besonders begeistern kann sich der Tibet Terrier offenbar für die Gerätedisziplinen im Turniersport, das Laufen, Springen und Klettern. Selbst Mutproben wie Feuer und Schußtest besteht er mit Bravour. Etwas widerwillig hingegen verhält sich der Tibet Terrier in der Unterordnung, Element z.B. der Begleithund-Ausbildung oder auch des Turnier-Vierkampfs. Hier zeigt er, daß er im strikten Gehorsam bestenfalls ein notwendiges Übel sieht! Typisch Tibet Terrier, nicken sich die Fachleute dann zu. Und wir erinnern uns der charakterlichen Prägung des kleinen tibetischen Hütehundes durch selbständige Arbeit bei den Herden der Nomaden.

BEMERKUNGEN ZU ZUCHTSCHAUEN

Eine Zuchtschau ist in erster Linie ein Wettbewerb, der, wie jeder andere Wettbewerb auch, seinen Zweck zunächst in sich selbst trägt. Es gibt Sieger und Plazierte in den einzelnen Klassen, und die jeweiligen Klassensieger treten in Ausscheidungen nochmals gegeneinander an, um den Gesamtsieger der Rasse, den »best of breed«, zu ermitteln. Werden in der Zuchtschau mehrere Rassen gerichtet, ermittelt man zum Schluß den »Besten der Schau«. Bei großen internationalen Zuchtschauveranstaltungen mit Dutzenden von verschiedenen Hunderassen ist der Gesamtsieg gewiß eine ungewöhnliche Ehrung. Ob der Hund sich auch geehrt fühlt, habe ich bisher nicht ermitteln können.

Das Ausstellungswesen im VDH orientiert sich an einem differenzierten Regelwerk, das für den Fachmann und Züchter gewiß von großer Bedeutung ist, nicht unbedingt aber für den hundebegeisterten Normalbürger. Diesen interessiert bestenfalls noch, daß an der Spitze der Wettbewerbshierarchie Titel wie Klubchampion, Deutscher Champion und Internationaler Champion errungen werden können. Für Fachleute wie für interessierte Laien aber gleichermaßen bedeutsam ist ein anderer Aspekt der Zuchtschau. Denn hier findet eine Leistungsschau statt, auf der sich, zumindest deutlicher als anderswo, der gegenwärtige Stand und die Entwicklung der Rasse präsentieren. Die besten Zuchttiere werden genauso vorgeführt wie ihre aussichtsreichsten Nachkömmlinge. Nirgendwo sonst kann zumindest der Laie einen besseren Überblick über die Rasse gewinnen.

Unter den gestrengen Blicken und Händen der Richter offenbaren sich dann im Vergleich Merkmale und Qualitäten, aber auch Fehler, die den meisten Betrachtern sonst unter dem üppigen Haarkleid der Hunde verborgen bleiben. Von daher ist es durchaus sinnvoll, wenn man seinen eigenen Tibet Terrier zumindest einmal, nämlich

Abb. 26: Strahlende Richterin, stolzer Züchter; nur „Duke" konnte ich nicht fragen.   *Foto: Tuchen/Golzem-H.*

im Alter von sechs bis neun Monaten in der Jüngstenklasse, in einer Zuchtschau vorführt. Vorher sollte man allerdings doch noch einmal dem Züchter seinen Hund zeigen und nach dessen Meinung fragen. Das Wort »Fehler« müssen wir hier aber relativieren; es gilt nur für den begrenzten Maßstab der Beurteilungen in solchen Zuchtschauen und sagt nichts über die Qualität eines Hundes als Kamerad und Familienmitglied aus.

Man kann sich zu einer Zuchtschau auch anmelden, ohne Mitglied in einem Verein zu sein. Über den Ausstellungskalender und die Anmeldungsformalitäten informiert man sich am besten beim VDH oder bei den ausrichtenden Klubs. Was aber prüfen und

beurteilen die Richter eigentlich? Es gibt nämlich bei den Tibet Terriern keine Leistungsprüfungen, in denen Stoppuhr, Bandmaß oder Punktekatalog eine Rolle spielen wie z.B. bei den Gebrauchshunden.

Den Rahmen für die Beurteilung eines Hundes durch einen Zuchtrichter bildet allein der Rassestandard des Tibet Terriers. Der Richter verschafft sich zunächst einmal von den vorgeführten Hunden einen ersten Gesamteindruck in der Gruppe. Für unsere Hunde geht es hier in erster Linie um den quadratischen Körperbau, aber auch um das rassetypische Gangwerk. Dabei wird übrigens der sogenannte »Kreuzgang« verlangt, obwohl viele unserer Tibet Terrier in bestimmten Situationen auch einen »erstklassigen« Paßgang zeigen können. Aber kaum etwas vermag den Liebhaber der Tibet Terrier mehr zu begeistern als der harmonische, fast gleitende Trab dieser Hunde. Oberstes Gesetz ist der ökonomische Krafteinsatz, bei dem der Schub aus der Hinterhand - ›Hand‹ ist bei Hunden der Fachbegriff für Lauf (Bein) - überwiegend horizontal gerichtet ist und die Gesamtaktion der Vorder- und Hinterhände in abgestimmter Harmonie ineinandergreift. Nicht Hüpfen mit fliegenden »Röckchen« ist gefragt, sondern eine fließende Vorwärtsbewegung. Vorder- und Hinterpfote »fußen« dabei in der gleichen Spur. Dabei tritt bei zügiger, temporeicher Aktion die Hinterpfote sogar in das Trittsiegel der Vorderpfote.

Nach dem ersten Eindruck prüft der Richter jeden einzelnen Hund auf einem Tisch. Von Gebiß und Kopf über die Einzelheiten des Körperbaus bis hin zu Ansatz und Haltung der aufgelegten Rute tasten kundige Hände und Augen kritisch den Championkandidaten ab, und ebenso eingehend wird die Textur des Haarkleids untersucht. Natürlich beachtet der Richter auch das Verhalten des Hundes, ob er sich verträglich, ängstlich oder aggressiv gebärdet. Doch ein Richterurteil basiert nicht allein auf der Addition der »Einzelteil-Untersuchung« im Abgleich mit den Forderungen des Rassestandards. Ein wesentlicher Beurteilungsfaktor für den Richter ist die »soundness« des Hundes. Fragen Sie bloß nicht unvorbereitet einen Züchter, Aussteller oder Zuchtrichter, was »soundness« eigentlich heißt! Auf meine arglose Frage als Ausstellungsneuling habe ich versierte Fachleute ins Stottern geraten sehen.

Das hat mich natürlich erst recht neugierig gemacht, und so stieß ich schließlich auf einen Zeitschriftenartikel des Zuchtrichterobmanns des KTR, in dem der Versuch einer Erklärung gemacht wird. Diese Erklärung des Begriffs »soundness« läßt sich aber auf die Kurzform bringen: »Entweder man hat's, oder man hat's nicht«! Und selbst manche Zuchtrichter hätten's nicht, meinte der Obmann, nämlich ein Gefühl und ein Auge für »soundness«!

Auch auf die Gefahr hin, einen Fehlgriff zu tun, will ich dennoch für den Laien eine etwas weniger bündige Erklärung liefern. Es geht letztlich um die harmonische Gesamtwirkung des Hundes in den Proportionen des Körpers, seinen Bewegungen und der Ausstrahlung seiner Persönlichkeit. Im Kern handelt es sich bei »soundness« um einen ästhetischen Begriff, der eng mit der Vorstellung von der Schönheit des Hundes im Sinne des Bildes von seiner Rasse verknüpft ist. Somit ist »soundness« ein ausgesprochen subjektiver Begriff, dem man mit einer kausalen Erklärung nur wenig beikommt. Doch kaum ein Betrachter kann sich bei überragenden Hunden gerade dem Eindruck ihrer »soundness« entziehen. Als Beispiele hierzu will ich nur Tradün Joba, Sheydon's Sam Dup und Silgarhi Varius (Abb.15,18,22) nennen.

DER FCI-STANDARD DES TIBET TERRIERS

In der Formulierung des Standards finden wir eine Idealvorstellung des Hundes ausgearbeitet, zu der es in der Wirklichkeit bestenfalls Annäherungsformen gibt. Festgelegt wird der Standard von

Abb. 27: Kraftvoller Schub aus der Hinterhand.   *Foto: Peine*

der »Fédération Cynologique Internationale« (FCI), sinngemäß ins Deutsche als »Internationale Vereinigung für das Hundewesen« übersetzt. In der Fassung vom 30. November 1990, Nummer 209, nachstehend die offizielle deutsche Übersetzung, definiert die FCI den Tibet Terrier:

Allgemeines Erscheinungsbild: Robust, von mittlerer Größe, langhaarig, mit quadratischer Silhouette, resoluter Ausdruck.

Charakteristika: Lebhaft, gutmütig. Treuer Kamerad mit vielen einnehmenden Wesenszügen.

Wesen: Aus sich herausgehend, wachsam, intelligent und mutig; weder ungestüm noch streitsüchtig. Fremden gegenüber zurückhaltend.

Kopf und Schädel: Schädel von mittlerer Länge, weder breit noch grob, von den Ohren zu den Augen hin etwas schmaler werdend, zwischen den Ohren weder gewölbt noch völlig flach. Jochbein gebogen, aber nicht übermäßig ausgeprägt, so daß es vorgewölbt ist. Deutlicher, aber nicht übertrieben ausgeprägter Stop in Höhe der Augenpartie. Kräftiger Fang, gut entwickelter Unterkiefer. Die Länge von den Augen bis zur Nasenspitze ist gleich der Länge von den Augen bis zur Schädelbasis. Nase schwarz. Kopf reichlich mit langem Haar bedeckt, das nach vorn über die Augen fällt. Am Unterkiefer befindet sich ein kleiner, nicht übertrieben ausgebildeter Bart.

Augen: Groß, rund, weder vorquellend noch eingefallen, ziemlich weit auseinanderliegend, dunkelbraun, Augenlider schwarz.

Ohren: Hängend, nicht zu dicht am Kopf anliegend getragen, V-förmig, nicht zu groß, üppig behaart.

Gebiß: Scherengebiß oder umgekehrtes Scherengebiß. Die Schneidezahnreihe bildet einen leichten Bogen, wobei die Schneidezähne in regelmäßigem Abstand und senkrecht im Kiefer stehen.

Vorhand: Stark behaart, Schulter gut schräg zurückgelagert; Läufe gerade und parallelstehend. Vordermittelfuß leicht schräg.

Körper: Gut bemuskelt, kompakt und kraftvoll. Länge von der Schulterblattspitze zum Rutenansatz gleich Widerristhöhe. Weit zurückreichender Brustkorb. Rücken über dem Rippenschiff gerade. Lendenpartie kurz, leicht gebogen, gerade Kruppe.

Hinterhand: Stark behaart, Kniegelenk gut gewinkelt, tiefstehende Sprunggelenke.

Pfoten: Groß, rund, zwischen den Zehen und Ballen reichlich behaart. Gut flach auf den Ballen stehend, keine Wölbung in den Pfoten.

Rute: Mittellang, ziemlich hoch angesetzt und fröhlich eingerollt über dem Rücken getragen. Sehr üppig behaart. Ein Knick in der Spitze der Rute kommt oft vor und ist erlaubt.

Gangart, Bewegung: Zügig, guter Vortritt, kraftvoller Schub. In Schritt und Trab sollen die Hinterläufe weder innerhalb noch außerhalb der Spur der Vorderläufe fußen.

Haarkleid: Doppelt. Unterwolle fein und wollig. Deckhaar üppig, fein, jedoch weder seidig oder wollig, lang, glatt oder gewellt, aber nicht lockig.

Farbe: Weiß, gold, creme, grau oder rauchfarben, schwarz, zwei- oder dreifarbig; eigentlich ist jede Farbe mit Ausnahme von schokoladen- oder leberbraun erlaubt.

Größe: Schulterhöhe bei Rüden 35,6 bis 40,6 cm, Hündinnen geringfügig kleiner.

Fehler: Jede Abweichung von den vorgenannten Punkten sollte als Fehler angesehen werden, dessen Bewertung in genauem Verhältnis zum Grad der Abweichung stehen sollte.

Anmerkung: Rüden sollten zwei offensichtlich normal entwickelte Hoden aufweisen, die sich vollständig im Skrotum befinden.

Die Formulierungen des Standards sind recht allgemein gehalten und tragen so der Vielfalt des Erscheingsbildes unseres Tibet Terriers Rechnung. Die Beschreibungen der Charakteristika und des Wesens sind sicher gut gemeint, aber kaum überprüfbar. Wesensprüfungen für die Beurteilung von angehenden Ausstellungs- und Zuchtchampions, so wie sie bei einigen anderen Rassen üblich sind, gibt es beim Tibet Terrier nicht. Solche Tests sind aber sowieso prinzipiell fragwürdig, wenn hinter der Beurteilung keine fundierte ethologische Kompetenz steht (Ethologie = Verhaltensforschung).

Bei der Beurteilung der Qualität eines Tibet Terriers werden also hauptsächlich die körperlichen Merkmale betrachtet.

Mit dem Begriff »Schulterblattspitze« tun sich einige deutsche Züchter schwer. Sie möchten gerne als vorderen Meßpunkt für die Länge des Tibet Terriers das Brustbein nehmen. Doch in der englischen Fassung heißt der Meßpunkt »point of shoulder«. In englischen Anatomielexika wird der »point of shoulder« als Ansatzpunkt des »humerus«, des Oberarmknochens also, am Schulterblatt beschrieben. Und damit ist die Angelegenheit unmißverständlich geregelt: »Schulterblattspitze« nennt der FCI-Standard den Punkt, an dem der Oberarmknochen der

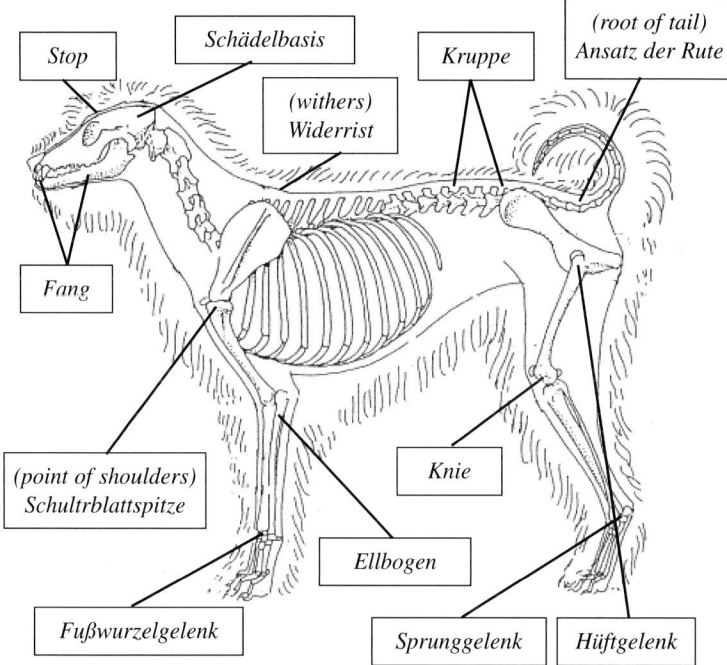

Stop

Schädelbasis

(withers)
Widerrist

Kruppe

(root of tail)
Ansatz der Rute

Fang

(point of shoulders)
Schultrblattspitze

Knie

Ellbogen

Fußwurzelgelenk

Sprunggelenk

Hüftgelenk

Abb. 28: Schaubild Tibet Terrier. Foto: Kraßnigg

Vorhand am Schulterblatt ansetzt.

Im **Schaubild** sind die wichtigsten Fachbegriffe verzeichnet. Bei einigen finden sich die englischen Originalbegriffe in Klammern hinzugefügt.

Dieses Kapitel läßt sich nicht abschließen, ohne noch einmal auf den Titel zurückzukommen. Der Aufgabe, das heutige Erscheinungsbild des Tibet Terriers im deutschen Zuchtraum zu zeigen, widmet sich das Buch insgesamt, und so kann der Leser besonders in der Auswahl und Zusammenstellung aller Bilder des Buchs das Bestreben sehen, im umfassenden Sinn einen Eindruck von der reizvollen Vielfalt dieser Rasse zu vermitteln.

69

Kapitel Fünf

KAUF EINES TIBET TERRIERS

Der leichte Weg:
Billigkauf per Katalog?
Skrupellosigkeit und teure Dummheit,
Tibet Terrier?

Der schwere Weg:
Zuchtvereine im VDH,
Prüfung von Züchter und Käufer

Jetzt wird es ernst:
Auswahl des Welpen, Der Hundename,
Ahnennachweis

Übernahme und Kauf

Abb. 29: Wer spielt mit mir? Benny's Flip Flop   *Foto: Brusch*

DER LEICHTE WEG

Billigkauf per Katalog?

Wollen Sie schnell und billig einen Tibet-Terrier-Welpen kaufen? Kein Problem, läßt sich machen: Fordern Sie einfach die Preisliste des größten deutschen Hundehändlers an! Dort finden Sie unter insgesamt einhundert Hunderassen im Angebot, von Airedale bis Yorkshire Terrier, auch Tibet Terrier zum »Listen-cirka-Preis« - was mag das sein? - von 650 DM - der Tagespreis kann allerdings laut den allgemeinen Geschäftsbedingungen des Händlers bis zu 20% höher liegen. Dazu kommen aber noch die Kosten für Impfung, Verpackung und Mehrwertsteuer - der Gesamtpreis möglichst Cash bei Übergabe oder Übersendung. Schnelle, sichere Lieferung in Spezial-Transportbehältern wird zugesichert, dazu Tätowierung, sogar ein internationaler Impfpaß, Futter- und Pflegeanleitung und, selbstverständlich, ein Stammbaum bzw. eine Ahnentafel. Es muß schließlich alles seine Ordnung haben. Also ein Superangebot?

Wenn nicht die allgemeinen Geschäftsbedingungen wären. So findet sich unter Punkt IV. 1, Gewährleistungs- und Haftungsausschluß, u.a.: »Dieser Haftungsausschluß gilt auch, wenn Tiere mit Schutzimpfung erkranken (z.B. Staupe, Hepatitis, Leptospirose und Parvovirose).« Man muß sich schon wundern, wie wenig den Schutzimpfungen getraut wird, und das bei Krankheiten, die für Hunde im hohen Maße tödlich sein können. Und aufmerksam lese ich ebenfalls im Punkt IV. 3: »Insbesondere gehen alle etwa bei dem Besteller/Käufer angefallenen Tierarztkosten immer zu dessen eigenen Lasten. Dies gilt auch, wenn Tiere innerhalb der Inkubationszeit an einer Infektionskrankheit erkranken.«

Na egal, wem es recht ist, seinen Hund wie jede Import- und Exportware behandelt und versendet zu sehen, und wer zu diesen allgemeinen Geschäftsbedingungen Vertrauen faßt, zu dem paßt dieses Angebot. Der Verband für das Deutsche Hundewesen e.V. (VDH) hat allerdings dieses Angebot im Juni 1995 unter der Überschrift »Kampf dem wilden Hundehandel!« kommentarlos veröffentlicht.

Skrupellosigkeit und teure Dummheit

Selbstverständlich kann man einen Tibet Terrier auch auf eine andere Weise bekommen und dabei hereinfallen. Da ist mir doch folgende Geschichte zu Ohren gekommen. In 1995 rief mich eine Frau aus meiner Heimatstadt an. Auf mir unbekannten Kanälen hatte sie von meinen züchterischen Unternehmungen erfahren und beschlossen, mich bei ihrem Problem um Rat zu fragen. Dann erzählte sie: In einer Zeitung habe sie eine Anzeige über Tibet Terrier gelesen. Weil sie schon längst beabsichtigte, einen Hund zu kaufen, sei sie zu der dort annoncierenden »Züchterin« gefahren. Natürlich habe sie sich vorher Fragen aufgeschrieben, sozusagen »Prüfungsfragen«, um die »Qualität« der Zucht einschätzen zu können. Soweit, so gut. Hätte sie sich nur an die eigenen »Vorsichtsmaßnahmen« gehalten!

Auf die Bitte, die Hündin zu sehen, bekam sie als Bescheid: Die befindet sich gerade bei einer Freundin(!). Nun wollte die Käuferin zumindest den Aufzuchtort der Welpen besichtigen. Doch das verweigerte die »Züchterin« mit der Begründung, das sei aus »hygienischen«(!!) Gründen nicht möglich. Spätestens jetzt, so meint man doch, hätten der Käuferin alle Alarmglocken läuten müssen. Doch wir Liebhaber tibetischer Hunde wissen ja, welche Faszination die Welpen unserer Hunde schon auf uns selbst ausüben. Auch wenn ich der Meinung bin, daß unsere Hunderassen zu den wenigen gehören, bei denen die erwachsenen Tiere noch schöner aussehen als die Welpen. Gerade wegen dieser Faszination habe ich die Kaufinteressenten meiner Welpen, die ich in meine eigene Auswahl genommen habe, gebeten, ihre Entscheidung mindestens eine Nacht zu überdenken.

Der Käuferin jedenfalls kam angesichts des »süßen Welpen«, wie sie sich selbst ausdrückte, jeglicher eines kritischen Verstandes abhanden. Sie kaufte den Welpen, natürlich »Käsch in die Täsch«, für eine Summe von 1200 DM, selbstverständlich mit Impfausweis und Kaufvertrag! Doch die Begeisterung über ihren frischen Erwerb dauerte nur kurz. Kaum zu Hause, war der Tierarzt die erste Adresse, Lungenentzündung sowie Darm- und Magenerkrankung dessen Diagnose. Und 300 DM sein Verdienst in der ersten Woche! Immerhin schwante der Käuferin nun, daß sie etwas unternehmen müsse, wenn sie nicht zum »Hauptsponsor« des Tierarztes werden wollte. Und so entschloß sie sich, den Welpen umgehend zur »Züchterin« zurückzubringen. Was dort genau geschah, konnte ich nicht so recht herausbringen. Aber offenbar kapitulierte die Käuferin vor der knallharten Burschikosität der »Züchterin«. Wörtlich bezeichnete die Käuferin diese als »Mannweib«,

was immer das heißen mag. Jedenfalls ließ sich die Käuferin mit der Zusicherung abspeisen, der Welpe solle bei der »Züchterin« bleiben, bis er »gesundgepflegt« sei.

Doch das ganze Ausmaß der Malaise brachten erst meine gezielten Nachfragen ans Licht. Zwar schien das im Kaufvertrag und Impfpaß angegebene Alter des Welpen, elf Wochen, einigermaßen zu stimmen - der Welpe habe schon recht »struppig« ausgesehen. Doch weder an einem Ohr des Welpen, noch im Kaufvertrag fand sich eine Tätowierungs- oder gar eine Zuchtbuchnummer. Darauf angesprochen, meinte die »Züchterin«: Wenn Sie sowas haben wollen, kostet das natürlich mehr(!!). Erkundigungen im VDH ergaben, daß die »Züchterin« natürlich dort nicht registriert ist. Auffällig erscheint zudem der Ausstellungsort des Impfausweises. Obwohl die »Züchterin« im tiefsten »Sachsenland« am Flüßchen Pader beheimatet ist, wird ein Tierarzt aus einem Ort nahe der holländischen Grenze am Niederrhein angegeben. Die Erklärung der »Züchterin«: Das ist mein Tierarzt. Doch statt nun zumindest einmal den Tierarzt in Goch anzurufen, um die Angaben aus dem Impfpaß zu überprüfen, händigte die Käuferin neben dem Welpen gar noch diesen Impfpaß dem »Mannweib« aus!

Erst nachher kam die Käuferin auch in diesem Punkt ins Grübeln. Ob etwa der gekaufte Welpe gar nicht bei der »Züchterin« gezogen wurde, sondern billig aus Holland geramscht und teuer an sie weiterverkauft? Natürlich wollen wir unsern holländischen Nachbarn nicht gleich Schlechtes unterstellen. Schließlich reicht diesbezüglich die Chuzpe der »Züchterin« und die Dummheit der Käuferin bei weitem aus. Und diese Käuferin befindet sich am Ende in einer »besch..eidenen« Situation. In den eigenen Händen hält sie nichts als einen wertlosen Kaufvertrag. Der kranke Welpe, 1200 DM und ein mögliches Beweismittel wie der »Impfpaß« befinden sich bei der »Züchterin« - der Welpe vielleicht aber nicht mehr. Und nun bat mich die Käuferin um Rat, wie und ob sie ihr Geld zurückbekommen könne. Was vermochte ich ihr schon zu sagen, außer, sie solle rechtliche Beratung einholen? Was mich bei dieser Geschichte aber wirklich anrührt, ist nicht die wahrscheinlich geprellte Käuferin. Mir geht der kranke Welpe nahe!

Tibet Terrier?

Doch selbst wenn Sie an Züchter geraten, die weder ihre Hündinnen ausbeuten noch Sie unbedingt übervorteilen wollen: Sind Sie sicher, daß Sie Tibet Terrier vor sich haben? In den letzten Jahren habe ich eine Reihe von Hunden aus »Zuchtvereinen« gesehen, die weder dem VDH noch dem FCI angehören. In keinem dieser Hunde habe ich auch nur annähernd die Erscheinung des Tibet Terriers gefunden, wie sie uns aus den Bildern von Frau Dr. Greig und der kontinuierlichen Tradition der Züchter originärer Tibet Terrier vertraut ist. Als repräsentativ kann ich meinen Eindruck nicht bezeichnen, aber wer sicher gehen will, einen originären Tibet Terrier zu erhalten, müßte sich die Abstammung von Mutterhündin und Deckrüde bis auf Ladkok-, Lamleh- oder Luneville-Abkömmlinge nachweisen lassen - und diesen Nachweis einem unabhängigen Fachmann zur Prüfung vorlegen! Wenn Sie aber für einen solchen Ahnennachweis einen

Aufpreis leisten sollen, dann überlasse ich es Ihnen selber, die entsprechenden Schlußfolgerungen daraus zu ziehen.

Seit dem Fall des Eisernen Vorhangs werden auch in den Ländern Osteuropas massenhaft Hunde unter unsäglichen Bedingungen »produziert« und für billiges Geld an einen mafiösen Hundehandel abgegeben. Mit gefälschten Ahnennachweisen und Impfpässen bringen Hundehändler dann diese bedauernswerten Geschöpfe als »Rassehunde« an Kunden vor allem in Deutschland. Die Dummheit dieser Kunden wird nur noch übertroffen von der Brutalität und Skrupellosigkeit der Produzenten und Händler im Umgang mit den Hunden, und diese noch von den ungeheuerlichen Gewinnspannen des Geschäfts. Wer sich aus diesem Hundehandel seine Welpen holt, will nicht nur betrogen werden, sondern macht sich auch mitschuldig an der Qual vieler Tausende von Welpen und Mutterhündinnen!

DER SCHWERE WEG

Zuchtvereine im VDH

Der folgende Weg, einen Tibet-Terrier-Welpen zu erwerben, kostet Sie Mühe, Zeit, Geduld und vielleicht, aber durchaus nicht immer, einen höheren Kaufpreis. Der Weg führt Sie zu Züchtern aus Zuchtvereinen, die im VDH organisiert sind. Doch der Weg zum Züchter ist die letzte Station beim Kauf eines Welpen. Der Tibet Terrier in vom VDH kontrollierten Beständen ist nämlich in Deutschland eine noch recht seltene Rasse. Im Jahre 1994 wurden beim VDH insgesamt 851 Welpen registriert. Das ist zwar eine größere Zahl als bei etlichen anderen Rassen, kann aber

Abb. 30: Freie Natur, der schönste Platz für einen Tibet Terrier. Khados Union Jack.   *Foto: Peine*

mit den mehr als 28.000 Schäferhund- oder mehr als 14.000 Tekkelwelpen keinen Vergleich aufnehmen. Da findet sich nicht jeden Tag ein passender Wurf Tibet-Terrier-Welpen, und Fahrtstrecken durch die gesamte Republik mussen einkalkuliert werden.

Zunächst einmal sollten Sie sich einen Überblick über die große Bandbreite der Tibet Terrier, aber auch über die Züchter und Halter dieser Hunde verschaffen. Und den bekommen Sie am besten auf einer Spezialzuchtschau der jeweiligen Zuchtvereine. Solche Zuchtschauen sind Hundeausstellungen, die von den Vereinen selber ausgerichtet werden. Dort finden sich nur die Hunderassen, die vom jeweiligen Verein direkt betreut werden. Hier treffen Sie auf die größtmögliche Auswahl von Tibet Terriern, die Ihnen überhaupt geboten werden kann. Die Termine und Orte dieser Zuchtschauen erhalten Sie entweder vom VDH in Dortmund, oder Sie wenden sich direkt (Kontaktadressen im Anhang) an die Tibet-Terrier-Vereine selber.

Nehmen Sie sich beim Besuch einer solchen Zuchtschau Zeit, und der Kauf eines Ausstellungskatalogs ist hilfreich. Darin können Sie mit den Startnummern die jeweils im Ring befindlichen Tiere und ihre Züchter oder Besitzer identifizieren und deren Plazierungen und Bewertung festhalten. Aber noch interessanter dürfte der Rundgang durch die Ausstellertische um den Ring herum sein. Beobachten Sie, wie die Hunde für den Auftritt im Ring hergerichtet werden. Der VDH erlaubt hier übrigens nur den Einsatz von Kamm und Bürste. Da kann man sich schon für die zukünftige Pflege eines eigenen Hundes einiges abschauen. Und scheuen Sie sich nicht, mit den Züchtern ein Gespräch anzufangen. Den meisten macht es großen Spaß, sich über ihre Hunde zu unterhalten und geben einem Hundelaien gerne Auskunft. Wer als Züchter dazu nicht bereit ist, den haken Sie als Welpenverkäufer gleich ab!

Aber achten Sie nicht nur auf die Züchter, die sich mit großen Käfigen und Tischen, dekorativ behängt mit dem eigenen Zwingernamen, um den Ring gruppieren. Meist stellen diese mehrere ihrer Hunde aus und befinden sich deswegen manchmal im Ausstellungsstreß. Sehen Sie sich also auch bei den Zuschauern um, die aufmerksam oder entspannt an den Tischen sitzen und zu deren Füßen vielleicht ein oder zwei Hunde liegen. Hier läßt sich am besten plaudern, über die Hunde natürlich, über Farbe, Abstammung, Züchter, Typ, Pflege, Verhalten und andere interessante Themen. Und dann erkundigen Sie sich nach dem Hauptzuchtwart des Vereins, der meist bei der Zuchtschau anwesend ist, ersatzweise nach einem Vorstandsmitglied, und bitten um Beratung. In der Regel erhalten Sie eine Liste der Züchter mit den geplanten oder aktuellen Würfen. Wenn Sie Glück haben, befinden sich in der Ausstellung gerade einige dieser Züchter, und dann können Sie sofort Kontakt aufnehmen.

Aber machen Sie nicht den typischen Anfängerfehler, Ihren Welpen nach der Farbe auswählen zu wollen. Zum einen könnte es passieren, daß Sie gerade auf die von Ihnen gewünschte Farbe sehr lange warten müssen. Denn die Farbe ist bei Tibet-Terrier-Würfen am wenigsten kalkulierbar. Zum anderen wird jeder erfahrene Züchter darauf nicht eingehen. Er wird darauf bestehen, daß der Welpe in erster Linie nach Wesen, Temperament und Charakter ausgesucht wird, passend zu den zukünftigen Besitzern und den Umständen, die er bei diesen antreffen wird. Ein Tibet Terrier ist schließlich kein Dekorstück für das Wohnzimmer! Und wenn Sie nicht ganz besondere Gründe haben, dann legen Sie sich auch nicht fest, ob es ein Rüde oder eine Hündin werden soll. Beide haben ihre Vorzüge und Probleme, und diese lassen sich für beide lösen. Die Meinung, eine Hündin sei anhänglicher als ein Rüde, halte ich übrigens für ein Vorurteil.

Prüfung von Züchter und Käufer

Der Kauf eines Welpen hat viel mit gegenseitigem Vertrauen zu tun. Sie als Käufer wollen wissen, ob der Hund aus guten Händen kommt, und ein richtiger Züchter will sichergehen, daß seine Welpen in gute Hände gelangen. Ein solcher Züchter wird Ihnen beim ersten Kontakt, egal ob persönlich oder telefonisch, keine Zusage machen, sondern Sie zu sich einladen, den Wurf zu besichtigen. Das geschieht frühestens, wenn die Welpen etwa vier Wochen alt sind. Natürlich will er in erster Linie Sie besichtigen und sich ein Bild von Ihnen machen: Wie Sie mit den Welpen umgehen, welche Kenntnisse über Hundehaltung Sie haben, in welche Verhältnisse der Welpe gelangt, usw. Wenn Sie das als eine Prüfung verstehen, dann liegen Sie richtig. Wenn Sie das für unzumutbar halten, dann rate ich

Ihnen von einem Hundekauf ab.

Aber auch Sie als Welpenkäufer unterziehen den Züchter einer Prüfung. Nehmen Sie sich Zeit. Schauen Sie sich um. Es gehört nur ein kritischer Blick und ein wenig Menschenverstand dazu, die Verhältnisse und die Menschen einzuschätzen. Beobachten Sie vor allem auch die Mutterhündin. Eine gesunde, robuste Hündin, die nach den Schutzvorschriften nur einen Wurf im Jahr bringt und auch richtig ernährt wird, ist vier Wochen nach der Geburt fast wieder in Topkondition. Das gilt für die körperliche Erscheinung und das Haar genauso wie für die psychische Verfassung. Bei genauer Beobachtung werden Sie eine matte, abgezehrte Hündin mit stumpfem Haar schnell von einer kraftvollen, wachsamen und gut erholten unterscheiden.

Natürlich gilt Ihr erstes Interesse den Welpen. Spielen Sie mit ihnen, ohne sie gleich aufzuheben und knuddeln zu wollen. Sie erkennen dann, ob die Kleinen zutraulich und freudig mit Ihnen Kontakt aufnehmen oder Sie ängstlich oder mißtrauisch meiden. Das letzte ist ein schlechtes Zeichen. Sind die Welpen aber zutraulich, können Sie bereits in diesem Alter sehr genau das Temperament und wesentliche Charakteranlagen der einzelnen Kleinen erfahren. Da gibt es den ruhigen, aber durchaus selbstbewußten Welpen, den wilden Raufer neben dem pfiffigen, der seine Welpengeschwister reihenweise austrickst, den neugierigen Abenteurer, der als erster in Ihrem Hosenbein herumkrabbelt oder an Ihren Schuhen die Schnürsenkel testet, und vielleicht, doch nicht zwangsläufig, den kleinen Prügelknaben, der allen anderen ausweichen muß. Auch solch ein Welpe hat alle Chancen für eine gute Entwicklung, wenn er, von der Tyrannei seiner Welpengeschwister befreit, als Mittelpunkt

Abb. 31: Abenteuerspielplatz Garten; Mutter Batschif wacht!
Foto: Buggermann

des Interesses in eine Familie kommt. Reden Sie mit dem Züchter über Ihre Beobachtungen, und er wird Ihnen viel über die individuellen Charaktere der Welpen erzählen.

Zudem sollten Sie ein Auge darauf werfen, wo die Welpen und die Hündin gehalten werden, in einem Stall, einem Verschlag oder Zwinger außerhalb der Wohnung oder gar entfernt vom Hause, oder mit Familienanschluß und dem Garten als Abenteuerspielplatz. Ich würde keinen Tibet-Terrier-Welpen von einem Züchter kaufen, bei dem ich den Familienanschluß der Hunde nicht zweifelsfrei erkennen kann.

JETZT WIRD ES ERNST

Auswahl des Welpen

Wenn Sie keinen Anlaß für einen vorzeitigen Abgang finden, kommt der Moment, wo Sie den Welpen, der Ihnen besonders süß erscheint, mal aufheben und streicheln wollen. Natürlich fragen Sie vorher den Züchter. Dem Hundeneuling will ich einen kleinen Trick verraten, wie Sie den Welpen richtig hochheben und damit dem Züchter durchaus imponieren können. Legen Sie dem seitlich vor Ihnen stehenden Welpen eine Hand unter den Körper und schieben diese Richtung Kopfseite. Daumen und Zeigefinger greifen dann von beiden Seiten außen um die Vorderbeine herum. Mit der anderen Hand fassen Sie von hinten unter das Hinterteil, fast wie mit einer Schaufel, und packen dabei gleichzeitig auch die Oberschenkel an den Hinterbeinen.

Heben Sie vorne einen Moment früher an als hinten. Mit dem so beschriebenen Griff werden die Vorderbeine mit den Ellbogen seitlich am Körper fixiert. Dabei stützen Sie mit der Hand sowohl Brust wie auch Beine und verhindern zudem das Spreizen der Beine im Schultergelenk nach außen. Das richtige Anliegen der Beine am Körper wird auf diese Weise gefördert. Das Hauptgewicht des Körpers liegt aber auf der anderen Hand, und damit auf dem Hinterteil und den Hinterbeinen des Welpen. So vermeiden Sie eine unnötige Belastung des noch zarten Rückgrats.

Nehmen wir an, daß Sie an den Welpen und am Züchter Gefallen gewonnen haben, und umgekehrt. Sagen Sie dem Züchter ruhig, welchen Welpen Sie ins Auge gefaßt haben. Hören Sie dennoch auf den Rat des Züchters, wenn er einen anderen empfiehlt. Vielleicht haben Sie auch das Glück, auswählen zu können. Das ist durchaus nicht selbstverständlich, weil in der Regel schon eine Reihe von Interessenten angemeldet sind. Und ein verantwortungsvoller Züchter wird Sie eher ohne Welpen davonziehen lassen, als Ihnen ein Tier zu geben, das seiner Meinung nach nicht zu Ihnen paßt.

Und machen Sie sofort weitere Besuchstermine aus. So können Sie die Entwicklung der Welpen verfolgen, Ihre Vorfreude füttern und Ihrem Spieltrieb nachgeben, ohne daß dies jemand lächerlich findet. Ein guter Züchter übrigens erwartet und verlangt sogar mehrere Besuche bei den Welpen. Als ich bei meinem ersten Wurf mit meiner Hauptzuchtwartin über Interessenten aus Luxemburg sprach, denen man doch nicht mehrmals eine Anreise von 300 km zumuten könne, widersprach sie mir energisch. Sie rechnete mir vor, wieviel Kilometer kreuz und quer durch die Republik, wieviel Zeit, Geduld und Geld ich aufgewendet hätte, um meine Hündin zuchtfähig zu

machen und decken zu lassen. Da
könne man verlangen, daß Interessenten für einen Gefährten, den sie
für die nächsten 15 Jahre in die
Familie aufnehmen wollten, entsprechende Mühe und Sorgfalt
investierten. Ich als Züchter hätte
die Pflicht, mir ein angemessenes
Bild von den Menschen zu
machen, denen ich meine Welpen
anvertrauen wolle! Zum Abschluß
gestand sie mir, daß das ihr in der
stattlichen Zahl ihrer Welpen einmal mißlungen sei. Sie habe diesen
Welpen und seine Besitzer aus den
Augen verloren. Und das könne sie
bis heute nicht vergessen.

Der Hundename

Wenn Sie sich mit dem Züchter
einig sind, kommt irgendwann die
Rede auf die Abstammung des
Welpen. Eigentlich ist das sogar
eines der liebsten Themen eines
Züchters. Kaum etwas macht ihm
mehr Freude, als die Vorzüge der
Ahnen seiner Welpen und die
Gründe für die Auswahl des
Zuchtrüden zu erklären. Meist holt
er dann die Ahnennachweise des
Vaterrüden und der Mutterhündin
hervor und liest Ihnen mit verhalte-
nem Stolz die Namen aller
Champions in der Ahnengalerie
vor, erklärt ihre Vorzüge und kleinen Schwächen. Vielleicht fällt
ihm noch diese und jene Anekdote
dazu ein, und dann legt er Ihnen im
Detail die besondere Strategie seiner Zuchtplanung dar, z.B.: Scher-
gebiß des Rüden als Ausgleich für
den Vorbiß seiner Hündin, nicht so
groß und etwas zierlicher gebaut,
weil die Hündin bereits am oberen
Rande des Standards liegt -
Riesenbabys sollten nicht heraus-
kommen! Wert legt er auf eine gute
Haaranlage, wie sie auch bereits
die Eltern des Rüden aufzuweisen
haben usw. usw. Und Ihnen
schwirrt, wenn Sie Hundelaie sind,

bereits bei den Namen der Ahnentiere der Kopf, und der Ahnennachweis erscheint Ihnen wie ein
Buch mit sieben Siegeln.

Nun ja, Hundezüchter aus Lieb-
haberei sind ganz allgemein ein
eigener Menschenschlag. Das werden Sie gewiß bald merken, wenn
Sie sich näher mit ihnen befassen.
Und die Namengebung ist eine
bevorzugte Wiese für ihren
Spieltrieb. Aber besonders jeck
treiben es gewiß die Züchter der
tibetischen Hunderassen. Wozu
züchtet man asiatisch-exotische
Hunde, wenn sich das nicht im
Namen kenntlich macht? Und die
Regeln der Namengebung lassen
jeden Spielraum für persönliche
Kreativität offen. Schauen wir uns
einfach mal einige Beispiele an,
um hier zumindest einen kleinen
Einblick zu bekommen.

Ein Hundename hat grundsätzlich zwei Bestandteile, den Zwin-
ger- oder Züchternamen, international geschützt und vergleichbar
mit dem Hausnamen, und den individuellen Namen des Hundes.
Dabei hat der Züchter die Wahl,
den Zwingernamen voran- oder
nachzustellen. Lesen wir ›Schanti's
Gamo-Lamleh‹, erkennen wir
sofort den vorangestellten Zwingernamen ›Schanti‹, und bei
›Wamo von Lu-Khang‹ den nach-
gestellten. Im zweiten Namen
sehen wir auch gleich den asiatischen Ursprung, aber nur Ein-
geweihte wissen, daß Schanti die
erste Hündin der Züchter des
Welpen Gamo-Lamleh war, wes-
halb Schanti als Zwingername
gewählt wurde. Der Zusatz
›Lamleh‹ verweist auf die Abkunft
aus reinen Lamleh-Linien. Beim
Zwingernamen ›Benny‹ erkennt
man jedoch auf den ersten Blick,
daß er auf einen Hundenamen
zurückgeht.

Nun sind die Tibet-Terrier-Züchter ein internationales Völkchen - und wollen das auch zeigen. Beliebt sind vor allem natürlich tibetische, dann aber auch indische oder allgemein asiatische Zwingernamen wie Hotang, Lhamo, von Nama-schu, Tra Yerpa, Tang-la-Su, Tschu wori, Yuthok, Amdo, aber auch kompliziertere wie Kamal-a-schila oder bod ssengge tshunba, was soviel wie »kleiner tibetischer Schneelöwe« heißt. Die Vielfalt reicht bis an die Grenzen der Lexika!

Anglo-amerikanische Zwingernamen zeigen den Einfluß von Importen aus den USA oder England. ›Passiflora‹, ›Woodruff‹, ›Sheydon‹ oder ›Willowbrae‹ sollen als Beispiele für bekannte Züchternamen gelten. Deutsche Namen wie ›vom Herzberg‹, ›vom Silcherhof‹ oder ›von der Lobenbreite‹ sind recht selten. Die Namengebung spiegelt aber auch besondere Vorlieben der Züchter wieder. Finden wir den Namen ›Nefertari Sindbad of Willowbrae‹, so erkennen wir nicht nur einen begeisterten Leser der Geschichten aus Tausend und einer Nacht. Hier macht sich auch ein tiefergehendes Wissen breit. Denn Nefertari hieß die Lieblingsfrau des ägyptischen Pharaos Ramses II (des Großen), ihr Grab ist ausgestattet mit den vielleicht wertvollsten und beeindruckendsten Malereien in der Geschichte der ägyptischen Kunst und Archäologie. Der Öffentlichkeit blieben diese Kunstwerke bisher verschlossen, doch nach zehnjähriger Restaurierungsarbeit ist das Grab Nefertaris 1995 für die normalen Besucher freigegeben worden. Und somit hat auch der Autor dieses Buches seine eigene Belesenheit preisgegeben. Übrigens verwundert es nicht, daß eine Züchterin den Zwingernamen Nefertari ausgewählt hat!

Zum Schmunzeln verleiten uns Namen wie ›Yak-po Annie get your gun‹ oder ›Yak-po Ain't she sweet‹, Rufname ›Sweety‹, und zeigen die humorige Ader des Namengebers; aber Namen wie ›Hotang I'Sche Chem-Po‹ bringen selbst die Zunge des Besitzers zum Stottern, weswegen er seine Hündin kurz ›Lullu‹ ruft. Und fragt man nach ›Tsering Kyirong Dawa‹, sollte man doch besser ›Major‹ rufen, denn unter diesem Namen ist er wesentlich bekannter. Doch nun wird es kompliziert. ›Charlie vom Herzberg of Willowbrae‹, wieso trägt der Hund denn gleich zwei Zwingernamen? Weil englische Züchter den Namen des Zwingers anhängen, in denen der Hund steht. Charlie vom Herzberg, Züchterin Frau Fanghänel, wurde von Frau Judith Smith, Zwinger Willowbrae, nach England exportiert. Der Britische Kennel Club erlaubt Namenszusätze des VDH nicht.

Lassen wir es damit genug sein! Es gibt Stimmen, die diesen Namenkult, nicht nur bei den Tibet Terriern, für ziemlichen Unsinn halten. Andere basteln genußvoll und humorig an ausgefallenen Namen, und wieder andere nehmen die Namengebung sehr ernst. Ich habe beschlossen, mich auf die Seite der Genießer zu schlagen.

Weitere Angaben im Ahnennachweis

Zwar sind die Namen die auffälligsten Eintragungen im Ahnennachweis, doch lesen Sie dort noch weitere wichtige Angaben. Über den Namen sind meist die »Titel und Ehrenzeichen« der Ahnentiere vermerkt. Da findet sich der ›Deutsche Champion‹, der ›Amerikanische‹ neben dem ›Finnischen‹, aber auch z.B. der ›Deutsche Jugendchampion‹. Oder überhaupt kein Eintrag, was keineswegs auf ein minderwertiges Tier schließen läßt! Aber neben oder unter den Namen sind wichtige Zusatzinformationen notiert. Handelt es sich um ein in Deutschland gezogenes Tier, lassen sich die Angaben leicht entziffern. Die Buchstaben ›HD-B‹ etwa melden das Ergebnis der Röntgenuntersuchungen auf Hüftgelenkdysplasie, kurz ›HD‹ (siehe Kap.8).

Eine Angabe wie ›KTRZB 93 5151‹ verweist auf die Eintragung ins Zuchtbuch des KTR im Jahre 1993, Nummer 5151. Dabei werden alle vier in diesem Klub geführten tibetischen Rassen gemeinsam durchgehend nummeriert. Aber die Ahnennachweise der deutschen Tibet Terrier spiegeln auch die internationale Stellung der deutschen Zucht wieder. Amerikanische, englische, finnische, schwedische, dänische, holländische und weitere Ahnen geben sich ein Stelldichein, und jedes Land gefällt sich in einer ganz eigenen Darstellung von Zuchtregistrierungen und HD-Untersuchungen. Sie hier aufzuschließen, würde den Rahmen dieses Kapitels deutlich sprengen. Nerven Sie einfach den Züchter damit, Ihnen die Zeichen und Ziffern zu erklären!

Kritisch muß man aber anmerken, daß die Ahnennachweise im Vergleich zu den Körberichten von Gebrauchshunderassen, z.B. dem deutschen Schäferhund, weniger aussagekräftig sind.

ÜBERNAHME UND KAUF

Die Verhaltensforscher plädieren überwiegend dafür, Hundewelpen spätestens nach der achten Woche abzugeben. In dieser Zeit löse sich der Welpe aus der Bindung an die Mutterhündin und suche Anschluß an andere Alttiere. Das sei also die beste Zeit, das junge Tier in die Hände eines neuen Besitzers zu geben. Und viele Züchter sind offenbar bereit, diesem Rat der Verhaltensforscher zu folgen. Manche Züchter lassen allerdings ihre Welpen am Ende der achten Woche impfen und geben diese dann erst nach einigen Tagen Erholungszeit ab.

Bei Ihrem letzten Besuch wird Ihnen der Züchter vielleicht noch das Ergebnis der Wurfabnahme durch den Zuchtwart präsentieren. Diese Abnahme geschieht nach der achten Lebenswoche und wird an die Zuchtbuchstelle des Zuchtvereins geschickt. Da heißt es vielleicht unter ›Bemerkungen‹: *»Unterbringung und Zustand von Welpen und Mutterhündin optimal. Erstklassige, zutrauliche Charaktere, 2 Hoden bei allen Rüden ohne Probleme sichtbar. Die Gebisse sind bei allen Welpen als Schere angelegt. Keine zuchtausschliessenden Fehler«.* Und gewiß kann der Züchter auf eine solche Bemerkung stolz sein.

Sicherlich warten Sie nun freudig und ungeduldig auf die Übernahme des Welpen, vielleicht sogar in kurzen Momenten mit gemischten Gefühlen, wenn Sie ein Neuling sind. Denn zurecht gehen Ihnen alle Veränderungen Ihres Lebens und die zukünftigen, noch unbekannten Abenteuer durch den Kopf, die in der neuen Gemeinschaft mit einem Hund auf Sie warten. Vor allem steht aber noch der Kauf des Hundes an, und der kommt Sie nicht billig. Denn ein Züchter, der seine Hündinnen nicht als Gebärmaschinen mißbraucht, kann seine Welpen nicht zum Ramschpreis abgeben. Wer sich etwas anderes einreden will, macht sich mitschuldig am schrecklichen Schicksal so vieler Hunde von unseriösen Züchtern und Hundehändlern!

Ein Züchter, der z.B. nach den strengen Schutzauflagen des KTR züchtet, kann dabei, Gott sei Dank, kaum Gewinn machen. Erst recht nicht, wenn er nur zwei bis vier Hunde zu Hause hat, so wie man es am häufigsten antrifft. Eine Hündin darf, wie schon vorher bemerkt, nur sechsmal in ihrem Leben werfen, und nach dem achten Lebensjahr wird sie nicht mehr belegt. Viele verantwortungsvolle Züchter muten ihrer Zuchthündin auch nicht mehr als fünf Würfe zu. Bis zur normalen Lebensdauer von etwa 15 Jahren geht dann die Hündin »in Rente«. Bei einer durchschnittlichen Zahl von fünf Welpen lassen sich die Einnahmen hochrechnen. Unter diesen Bedingungen ist und bleibt Hundezucht ein persönliches Hobby, und das ist für diese Hunde ein Glück!

Also, der Kauf steht jetzt an. Und dafür gibt es richtige Kaufverträge, wie sie etwa vom VDH entworfen worden sind. Viele Züchter bedienen sich dieser Verträge, und Sie erkennen die Urheberschaft des VDH an der Zeile im Kopf des Vertrags : »...im VDH/FCI-Zuchtbuch des Rassehunde-Zuchtvereins...«. Im Kern des Vertrags finden Sie einen Gewährleistungsrahmen des Verkäufers, aber auch eine Erklärung des Käufers, daß er sich u.a. die notwendigen Kenntnisse über die tiergerechte Haltung, Aufzucht und Behandlung des Hundes angeeignet hat. Nehmen Sie diese letzte Klausel nicht als bloße Formalie an. Um sich solche Kenntnisse anzueignen, sollten Sie sich große Mühe geben. Es gibt eine Fülle von hervorragender Fachliteratur dazu, bespielsweise beim Kynos Verlag.

Noch auf zwei weitere wichtige Angaben will ich Ihre Aufmerksamkeit lenken. Da ist zunächst die Tätowier-Nummer. Sie wird vom zuchtbuchführenden Verein dem Züchter und Hund zugeteilt und bei der Welpenabnahme durch den Zuchtwart in das linke Ohr des Hundes eingefärbt. Diese Täto-Nummer, ergänzt durch das Geburtsjahr, ergibt dann die Zuchtbuch-Nummer, wie sie im Ahnennachweis eingetragen ist.

Zum anderen findet sich im Kaufvertrag eine Rubrik mit der Überschrift: »Zusätzlich werden folgende Abreden getroffen«. Manche Züchter tragen an dieser Stelle ein Vorkaufsrecht bei Weiterveräußerung des Hundes ein, weil sie verhindern wollen, daß der Welpe in die Hände von unseriösen Züchtern oder in den professionellen Hundehandel gerät. Ersatzweise heißt es auch: »Eine Weiterveräußerung nur mit Wissen des Züchters« oder »..nur unter Vermittlung des (Zuchtvereins)«. Ein Züchter kann sich auch verpflichten, bei kleineren »Fehlern« wie Nabelbruch einen Anteil an den Kosten eines Eingriffs zu übernehmen, wenn der Nabel nach Ablauf einer Frist, z.B. zwölf Monaten, nicht zugewachsen ist. Tierärzte neigen bei Nabelbruch recht schnell zur Operation auch am ganz jungen Tier, aber die Erfahrungen bei Tibet Terriern haben gezeigt, daß selbst scheinbar recht große Nabelbrüche in der Regel nach einem Jahr vollständig zugewachsen sind. Erfahrene Züchter raten deswegen grundsätzlich von einem voreiligen Eingriff bei Nabelbruch ab.

Wenn Sie das nun alles hinter sich gebracht und den Kaufpreis gezahlt haben, dann sind Sie endlich der stolze Eigentümer eines Tibet Terriers.

Nein, Rudelführer sind Sie dann und Alttier für den Welpen, und

Abb. 32: Eine Handvoll Hund: Blacky, vier Tage alt; kein Fremder bekommt solch einen Anblick zu Gesicht! Foto: Kraßnigg.

das ist ein wesentlicher Unterschied, der eine besondere Verpflichtung für Sie bedeutet. Wenn Sie sich auf diese Rolle gewissenhaft vorbereitet, Ihre eigene Wohnung »welpenfest« gemacht und für das Tages- und Nachtlager des Welpen vorgesorgt haben, dann steht einem gemeinsamen Glück für Sie und Ihren Welpen kein entscheidendes Hindernis mehr im Wege.

Kapitel Sechs

DER JUNGE TIBET TERRIER

Gelungener Anfang:
Welpensichere Wohnung, Ruheplatz

Der neue Hausgenosse:
Der erste Tag, Die erste Nacht

Eingewöhnung und Kennenlernen

Erziehung des Welpen:
Das Spiel, Die Spielaufforderung,
Gewöhnung an andere Hunde

Verhaltenstraining

Wachstum im ersten Jahr

Abb. 33: Hotang-Welpe   *Foto: Schell-Lüngen*

GELUNGENER ANFANG

Welpensichere Wohnung

Sammeln Sie kostbare Mingvasen, Meißener Porzellan und dekorative, aber ebenso teure Glasbläserarbeiten? Zieren Ihr Heim erlesene Orientteppiche, handgestickte Seidenkissen, Stilmöbel à la Louis Quinze, über mehr als zehn Jahre gezüchtete Bonsaibäume oder bibliophile Unersetzbarkeiten? Wenn Ihre Beziehung zum Hund nicht von vornherein scheitern soll, dann gibt es nur eines: Wegräumen hinter solide Schlösser und Riegel und für eine geraume Zeit durch rustikalere Produkte ersetzen! Bevor der Welpe in Ihre Wohnung kommt, müssen Sie diese unbedingt »welpenfest« machen. Das heißt, daß Sie immer vom schlimmsten aller Fälle ausgehen sollten.

Wie bei kleinen Kindern, so besteht nämlich für Hunde die Entdeckung ihrer Welt in erster Linie darin, diese in ihre Einzelteile zu zerlegen. Und junge Hunde sind Kindern darin noch weit überlegen, weil sie viel besser auf den Beinen sind, deswegen fast an alles herankommen und dabei über ausgesprochen spitze Zähne und kräftige Kiefer verfügen. Und bei wilden Spielen, die der Welpe so liebt, fragt er nicht immer vorher, was er denn nicht umrennen darf. Bevor er soweit erzogen ist, die wichtigsten Gegenstände im eigenen Heim zu respektieren, könnte so manches davon bereits in Trümmern liegen oder in Fetzen fliegen! Für eine Zeitlang muß es eben eine Steingutvase tun, Grünlilien und preiswerte Ikea-Läufer. Für den vorübergehenden Verlust an Lebenskultur ersparen Sie sich dann einige Nervenzusammenbrüche. An den weniger wertvollen Stük-

ken der Wohnungseinrichtung üben Sie dann die Erziehung des Welpen bis zu dem Zeitpunkt, wo Sie den Eindruck haben, daß der Hund die wichtigsten Tabus begriffen hat! Stromkabel können sich allerdings immer für den Welpen als tödliches Spielzeug erweisen, und so gehören diese zu den ersten Tabus, die Sie dem jungen Hund anerziehen müssen!

Und kalkulieren Sie ein, daß ein Hund von draußen Dreck in die Wohnung hereinbringt. Ein Wischmop für Fliesen und Parkett beseitigt schnell und problemlos die meisten Spuren. Für Teppiche eignet sich eine Feuchtschaumbürste. Und sind die Pfoten besonders dreckig, »null problemo«, dann werden sie eben in einer bereitgestellten Schüssel mit lauwarmem Wasser durchgeschwenkt, mit der Hand ausgedrückt und mit Handtuch oder gar Föhn ein wenig getrocknet, bevor das kleine Schlammonster in die Wohnung darf. Also kein Grund zum Ärgern, das ist alles nur eine Frage der Einstellung und Organisation!

Ruheplatz

Wählen Sie für Ihren zukünftigen Hund einen Ruhe- und Schlafplatz für den Tag, aber auch einen zweiten für die Nacht. An diese soll er sich zumindest bis zur Stubenreinheit halten. Der Platz für den Tag muß sich am besten in dem Raum befinden, in dem Sie sich am meisten aufhalten, aber vor allen Dingen auch kühl und die Heizung so weit weg sein wie möglich, doch mit einer Decke als Unterlage. Der Hund will von diesem Platz aus das Zimmer und alle Zugänge überblicken können, vor allem aber sich in der Mitte des Rudels geborgen fühlen und an allen Lebenslagen teilnehmen, auch wenn er am Tage schläft! Gut geeignet ist eine Schrankecke, wo sich der Hund an die Zimmerwand und die Schrankseite anlehnen kann. Später werden Sie erleben, daß sich der Hund seine eigenen Liegeplätze aussucht.

Ein Welpe benötigt 24 Stunden am Tag die Gesellschaft seines Rudels. Darum ist es nicht verkehrt, ihm für die Nacht einen Schlafplatz in einer Ecke Ihres Schlafzimmers einzurichten. Neulich fand ich den Rat, hier einen geschlossenen Hundekäfig zu benutzen. Ich selber habe eine Gittersperre gebastelt. Beide Formen der Absperrung erfüllen den gleichen Zweck. Der Welpe fühlt sich in Gesellschaft. Darum wird er ruhig schlafen. Wenn er sich lösen muß, will er dann keineswegs seinen Schlafplatz beschmutzen und wird sich deshalb melden oder sehr unruhig werden. Und wenn Sie den Welpen kurz vor dem Schlafengehen nicht mehr ausgiebig füttern, auch darauf achten, daß er sich abends noch lösen kann, wird er Sie wohl bald schon die ganze Nacht nicht mehr stören. Denn bereits in der elften Woche kann ein junger Hund seinen Drang zu lösen durchaus über ungefähr sieben Stunden kontrollieren.

Erst wenn der Welpe dann zuverlässig stubenrein ist, nehmen Sie den geschlossenen Käfig oder die Sperre weg und lassen ihn am gleichen Platz auf seiner Tagesdecke schlafen. Wahrscheinlich wird er aber sehr bald sich auch außerhalb des Schlafzimmers einen ihm genehmen Platz zum Schlafen suchen.

Zurück aber zu den Vorbereitungen! Basteln Sie sich in jedem Falle auch eine Gitterabsperrung für den Ruheplatz am Tag. Sie werden schnell merken, wie wichtig und nützlich diese für Sie sein wird. Hier können Sie den Welpen absetzen, wenn er schlafen oder Ihnen keineswegs zwischen den Füßen herumlaufen soll - oder wenn Sie ihn mal nicht beaufsichtigen können. Die Absperrung muß nicht länger als etwa 1.50 m x 1.50 m sein. Es reichen zur Not auch ca. 1.10 m! Aus Erfahrung weiß ich, daß 30 cm Höhe zu niedrig sind - nach drei Tagen setzte mein knapp acht Wochen alter Rüde elegant darüber. Doch eine Höhe von 47 cm hielt ihn ab. Auch heute noch respektiert er diese Absperrung, obwohl er sie auf nur einer Pfote überspringen oder mit einem leichten Nasenstüber umwerfen könnte. Sie aber steigen noch bequem über diese Absperrung, ohne sie jedesmal zur Seite rücken zu müssen. Allerdings habe ich auch von Erfahrungen gehört, wo Tibet-Terrier-Welpen nach einigen Wochen nur durch höhere Hindernisse gehalten werden konnten. Deswegen ein Tip: Ziehen Sie keine Querleisten in die Gitterstäbe ein, damit sich die Welpen daran nicht hochziehen können!

In der Absperrung finden die Liegedecke in einer Ecke sowie ein Wasser- und Futternapf bequem Platz, und auch der Welpe kann sich darin ein wenig bewegen. Mit großer Wahrscheinlichkeit wird der Hund diesen Platz nicht mit seinem Geschäft verunreinigen und sich energisch melden, wenn es ihn drückt. Von einem Hundekorb rate ich übrigens ab. Zum einen müßte er ziemlich groß sein. Denn er sollte bereits bequem Platz für den ausgewachsenen Hund bieten. Wichtiger: Es ist fraglich, ob der Hund den Korb überhaupt auf Dauer als Liegeplatz akzeptiert. Vor allem im Sommer versucht sich der Hund den kühlsten Ruheplatz auszusuchen, den er findet. Sie sollten ihm Gelegenheit geben, diesen, in gewissen Grenzen selbstverständlich, selbst auszusuchen.

Es bleibt allein Ihrem Geschmack überlassen, welchen Zugang Sie Ihrem Hund zu Ihrer Wohnung lassen. Ein gepflegter und sorgfältig geimpfter Hund ist, hygienisch gesehen, kein problematisches Lebewesen. Auch im engen Körperkontakt überträgt er nur äußerst selten Krankheitskeime auf den Menschen. Wenn Sie den Hund regelmäßig entwurmen, dann droht auch von dieser Seite her keine erhöhte gesundheitliche Gefahr. Wer diesen engen Kontakt scheut, sollte überdenken, ob er wirklich einen Hund haben möchte. Berücksichtigen sollte man allerdings die Haare des Hundes und den Schmutz an den Pfoten. Außerdem schleppen unsere Langhaarigen im Sommer etliche unerkannte Zecken in die Wohnung. Insofern ist es ganz praktisch, sich für die Türzugänge in der Wohnung ebenfalls eine Absperrung wie beim Schlafplatz anzufertigen. So können Sie zeitweilig bestimmte Räume für den Hund versperren.

DER NEUE HAUSGENOSSE

Der erste Tag

Sie haben Ihren neuen Hausgenossen ausgewählt - ein kleines, wuscheliges Welpenwürstchen, das in der Regel zwischen acht und zehn Wochen alt ist. Die Trennung von der Mutter und den Wurfgeschwistern fällt vielleicht schwer, aber Heimweh muß der kleine Hund durchaus nicht lange haben. Eher trifft er bei Ihnen auf paradiesische Zustände. Denn das Leben mit den Wurfgeschwistern ist gewiß kein Zuckerschlecken. Beobachten Sie mal die Welpen eine Zeitlang, und Sie werden das schnell herausfinden. Wenn Sie al-

so Ihrem Welpen das Eingewöhnen bei Ihnen erleichtern, dann können Sie vielleicht erleben, daß dieser sich von Anfang an bei Ihnen wohlfühlt und das neue Heim schnell akzeptiert. Unsere Hündin Annie hat bereits am ersten Morgen fremde Personen durch Bellen gemeldet und somit kundgetan, daß Sie uns und unsere Wohnung als eigen angenommen hat. Und auch unser zweiter Hund ließ keinen einzigen Jauler aus Heimweh hören, sondern kuschelte sich sofort in seiner »Absperrbox« auf seiner Schlafdecke zusammen. Wie aber können Sie das leichte Eingewöhnen des Welpen fördern?

Nehmen wir an, Sie bringen Ihre Neuerwerbung im Auto nach Hause. Sie sollten diese Fahrt am besten noch im Hellen machen. Vor allem auch dann, wenn Sie unterwegs mal rasten wollen, um dem Hündchen das Lösen zu ermöglichen. Es soll sich in der Dunkelheit in einer fremden Umgebung nicht gleich erschrecken. Legen Sie den Welpen hinten auf eine Decke, die Sie als Schlafdecke für ihn vorgesehen haben. Geben Sie ihm vielleicht einen Gegenstand mit, an dem der vertraute Geruch seines bisherigen Zuhauses haftet. Fahren Sie sanft und besonnen, damit sich dem Hund das Autofahren nicht gleich als ein unangenehmes Erlebnis einprägt. Auf der Fahrt sollte ein Begleiter neben dem Hund sitzen, ihn streicheln und sanft ansprechen. Halten Sie etwas Wasser in einem Napf bereit, denn in Streßsituationen werden Hunde genau so durstig wie wir!

Zu Hause angekommen, soll das Hündchen seine neue Heimat erst einmal gründlich kennenlernen. Lassen Sie den Welpen in Ruhe das gesamte Haus beschnuppern, einschließlich Garten, Terrasse u.ä..

Abb. 34: Hündin Hrutsi, elf Wochen; ein hübsches Köpfchen.

Foto: Wagner

Sprechen Sie dabei ohne Hektik und Aufregung mit dem Hund, damit er sich bereits an Ihre Stimme gewöhnt. Bieten Sie dem Hund Wasser und Futter an, auch wenn er zunächst vor Aufregung nichts nimmt. Beobachten Sie beim Herumschnuppern das Verhalten des Hundes - er wird sicher irgendwann sein Wässerchen lassen wollen. Und hier können Sie gleich erzieherisch wirken.

Sobald der Welpe sich suchend im Kreise dreht oder sich scheinbar ziellos in kurzen Strecken hin und her wendet und dann im Begriff ist, sich hinzuhocken und loszulegen, sprechen Sie ein paar freundliche Worte zu ihm, sie dürfen ihn kei-neswegs erschrecken, nehmen ihn hoch, »knurren« ein gutturales »Nein« und bringen ihn nach draußen auf einen von Ihnen vorgesehenen Löseplatz. Wenn Sie dort ein bißchen Sand oder anderes Material, meist Zeitungspapier, von seinem beim Züchter gewohnten Löseplatz hinstreuen, wird der Welpe auch diesen Löseplatz (hoffentlich) annehmen. Sollte der Kleine dann dort sein Geschäftchen wirklich fortsetzen, dann loben Sie ihn mit einer »dafür vorgesehenen« Stimmlage ausgiebig und streicheln ihn anerkennend. Nach diesem Grundprinzip werden Sie den Hund in absehbarer Zeit stubenrein bekommen.

Die erste Nacht

Früher oder später kommt auch beim ersten Kennenlernen der Wohnung der Moment, wo das Hündchen müde wird. Setzen Sie den Kleinen noch einmal nach draußen und warten möglichst ab, bis er sein kleines und großes Geschäft erledigt hat. Welpen »lösen« sich, so heißt das große wie auch kleine Geschäft etwas verschämt in der Fachsprache, drei- bis viermal am Tag. Meistens kurze Zeit nach dem Fressen, oft auch nach dem Erwachen von ihren noch durchaus ausgiebigen Nickerchen. Dabei streben sie danach, dieses Lösegeschäft so weit vom Lager entfernt wie möglich zu erledigen. Der Gang in den Garten kommt Ihrem Welpen dabei entgegen. Und je später Sie den Hund sich abends noch einmal erleichtern lassen, desto eher schläft er in den wichtigsten Stunden der Nacht durch. Bei diesem abendlichen Geschäft müssen Sie aber geduldig sein!

Legen Sie den Welpen dann auf den vorbereiteten Schlafplatz in Ihrem Schlafzimmer. Bei meinem Rüden spendierte unsere Tochter ihren liebsten Bettgenossen, einen riesigen schwarzen Panther, für die ersten Nächte als Gesellschafter. Sofort kuschelte sich unser Hündchen zwischen die Pranken des dreimal größeren Stofftieres und schlief ein. Und schlief auch die Nacht durch, ohne einen einzigen Fiepser von sich zu geben! Meine erste Hündin hingegen verbrachte die erste Nacht auf einer Schlafdecke an meinem Bett, ebenfalls ohne Heimwehjammern. Wenn Sie nicht ein ausgesprochen sensibles Tier erwischen, dürften Sie den gleichen Erfolg haben. Übrigens, ein Hund, ganz besonders ein junger Hund, hat nicht nur nachts, sondern auch am Tag ein viel größeres Schlaf- und Ruhebedürfnis als ein Mensch!

EINGEWÖHNUNG UND KENNENLERNEN

In den nächsten Wochen beobachten Sie und Ihre Familie sicherlich sehr aufmerksam die Entwicklung, das Verhalten und die Eigenarten Ihres Hundes. Seien Sie sicher, auch der Welpe beobachtet Sie ganz genau! Noch sind ihm die neuen Rudelmitglieder unvertraut, ebenso die Geräusche, Gerüche und Abläufe im Haus. Bei jedem fremden Laut, Duft oder Vorgang, ob Rollorasseln oder Reklameladung in den Briefkasten, reagiert der Welpe. Unsere Hündin verbellte z.B. in den ersten Tagen morgens den Zeitungsboten. Das macht um vier Uhr früh richtig Laune! Dazu den Briefträger und jeden Fremden, der im engen Umkreis des Hauses Geräusche machte. Doch schon nach wenigen Tagen konnte sie die regelmäßig wiederkehrenden Personen von anderen unterscheiden. Zeitungsbote und Briefträger dürfen also »ungerügt« vorbeikommen, der Schwiegervater wird weiter verbellt, denn der hat sie am ersten Tag geärgert. Das gehört aber inzwischen zu einem gemeinsamen Spielritual beider. Dem Staubsauger geht sie weit aus dem Weg, doch wenn die schweren Rollos rasseln oder die Tochter die Stiege wie eine Horde Elefanten heruntertrampelt, zuckt sie mit keiner Wimper.

Öffne ich mittags, heimkehrend von meiner Arbeit, das Gartentor, höre ich schon das Begrüßungsjuchzen (eigentlich ein durchdringendes Heulen) meiner Hunde. Woran die Hunde erkennen, daß ich das Tor öffne, weiß ich nicht.

Abb. 35: Reggi, vier Monate: Ich werd' mal Champion!

Foto: Golzen-H./Brusch

Das Tor macht meinen Ohren nach immer das gleiche Geräusch. Öffnet aber ein Fremder, reagiert vor allem unsere Hündin Annie, aber auch der Rüde, mit dem wütenden Heulbellen mittlerer Wölfe! Dieser »Wolfschor« wird dann durch unseren Nachkömmling Blacky entscheidend verstärkt.

Genauso wie die äußeren Abläufe des Hauses lernen die Hunde auch schnell die Verhaltensweisen der Familienmitglieder kennen - ganz besonders auch die Stärken und Schwächen der einzelnen. Gerade die ersten Wochen und Monate sind deswegen für die richtigen Weichenstellungen zur Eingliederung des Hundes in die Familie wichtig. Darum noch ein Wort zum »Jaulen« des Welpen. Falls ihm etwas nicht paßt, macht sich der junge Hund gewiß

bemerkbar. Setzt man ihn z.B. in seine Box, zum »Aus den Füßen gehen« etwa oder abends zum Schlafen, obwohl er doch eigentlich noch herumalbern will, wird er manchmal protestieren. Selbst ein leises Fiepen oder Jaulen kann einem durch »Mark und Bein« gehen und löst bei Frauchen und Herrchen fast einen ähnlichen Reflex aus wie das Weinen eines Babys. Kommen Sie aber bei jedem Muckser des Welpen sofort angesprungen, merkt er sich das ganz sicher. Und nutzt das selbstverständlich aus. Herrlich - fiepen heißt, jemand kommt und betüttelt sich um ihn!

Die Geduld und Nerven, die Sie hier aufbringen, rentieren sich dauerhaft. Vor allem wenn Sie wissen, daß den Hund kein Geschäftchen drückt, er genügend Wasser und

91

Futter hat und sonst versorgt ist, können Sie das Fiepen und Jaulen zunächst einmal ignorieren. Wahrscheinlich wird der Hund nach recht kurzer Zeit aufhören, wenn es sich nicht lohnt. Nur bei recht hartnäckigem Laut des Welpen sollten Sie doch versuchen herauszufinden, woran das denn liegen mag. Je länger Sie den Hund und seine Verhaltensweisen kennen, desto genauer können Sie natürlich auch seine Lautäußerungen deuten und angemessen darauf reagieren.

ERZIEHUNG DES WELPEN

Das Spiel

Die Zeit als Welpe und Junghund erweist sich als wichtigster Abschnitt für die Erziehung wie auch das Lernen des Hundes. Und hier sind es besonders die ersten Monate als Welpe, in denen der Hund nicht nur am meisten dafür empfänglich ist, sondern in denen unabdingbar die entscheidenden Grundlagen dafür gelegt werden müssen. Was hier versäumt wird, kann später beim erwachsenen Hund nicht mehr aufgeholt werden. Das wichtigste Mittel der Erziehung ist das Spiel. Und der schlimmste Fehler in der Erziehung des Hundes liegt in seiner »Isolation«. Sowohl mit Menschen und ihrer Umwelt, aber auch mit eigenen Artgenossen müssen Welpen in engen Kontakt kommen. Versäumnisse hier führen in der Regel zu schweren Verhaltensstörungen.

Welpen gehen miteinander keineswegs zimperlich um. Knüffe, Rempeleien und Catchergriffe werden nicht übel genommen und die Zähne ausgiebig genutzt. Vor dem kräftigen Zupacken beim Spiel darf uns also nicht bange

sein. Den Auseinandersetzungen in der Rangordnungsphase, meist achte bis zwölfte Woche, fehlt aber der »Ernstbezug«, wie Trumler es ausdrückt. Es geht lediglich um ein Ausprobieren, wie weit man gehen darf, ohne den anderen tatsächlich aggressiv zu machen.

Eines der beliebtesten Spiele der Welpen ist das »Beißspiel«. Maul gegen Maul, Zähne gegen Zähne versucht man den anderen auszutricksen und zu kneifen. Unsere Hand, zur »Beißzange« geformt, gibt ein prächtiges Gebiß ab. Man muß dem Welpen buchstäblich um das oder gar ins Maul fassen! Keine Angst, er beißt nicht wirklich. Kneifen kann das schon bei seinen spitzen Milchzähnchen, aber Verletzungen gibt es eigentlich nur, wenn man die Hand unbedacht wegzieht. Unser Griff sollte aber nur so fest sein, daß der Welpe Zähne und Maul ohne große Kraftanstrengung selber aus der Hand drehen und herausziehen kann. Der Kleine testet allerdings durchaus, wie fest er kneifen darf, und treibt er es zu arg, dann bricht man das Spiel konsequent ab, und ein empörtes »Aua« darf man sich schon leisten. Der Welpe wird sich dann sehr schnell merken, daß unsere Haut wesentlich zarter ist als »Hundeschwarte« und sich danach richten. Diese Form der »Bestrafung« ist frei von Willkür, wie es zum Beispiel das oft empfohlene »Nasenstupsen« darstellt.

Das Beißspiel ist eine hervorragende Möglichkeit, dem Welpen die eigene Überlegenheit spielerisch zu verdeutlichen. Denn schließlich verfügen wir ja über zwei Hände, also zwei »Gebisse«. Während der Welpe sich gerade mit der einen Hand beschäftigt, kneifen wir ihn mit der anderen ins Hinterteil. Wendet er sich zur Abwehr dorthin, zwickt ihn schon die nun freie Hand. Ein Rudelmitglied mit mindestens zwei Mäulern, das imponiert dem jungen Hund ganz mächtig! Bei solchen rauhen Spielen können sich die kleinen Hunde übrigens in ein Knurren und Gebrüll steigern, das an einen Wolf erinnert. Keine wirkliche Wut und Gefährlichkeit geht davon aus, sondern es handelt sich um spielerisches Imponiergehabe.

Wenn Sie kleinere Kinder haben, sollten diese aber nie ohne Ihre Aufsicht wilde Spiele mit dem Welpen üben. Kinder schätzen solche Situationen oft noch nicht richtig ein, und so kann ein solches Spiel schnell ausarten und, unbeabsichtigt von beiden Seiten, zu Verdruß führen. Kleinkinder sollten Sie prinzipiell nie mit dem Hund allein lassen - zum Schutz des Hundes!

Die Spielaufforderung

Die typische Art des Hundes, uns zum Spiel aufzufordern, dürfte wohl jedem Hundefreund bekannt sein: Vorderbeine fast ganz nach vorn gestreckt mit tiefem Kopf, Hinterteil mit wedelnder Rute fast senkrecht in die Höh'! Eine solche Aufforderung sollte man möglichst immer annehmen. Doch daneben gibt es noch etliche andere Aufforderungsformen, die wir jedoch recht deutlich als Spielabsicht verstehen können. Bald werden wir auch das typische Spielgesicht des Welpen erkennen, obwohl das wachsende Haar die Mimik unserer Hunde schnell verdeckt. Ein weit aufgesperrtes Maul, in dem die unteren Eckzähne deutlich sichtbar werden, sowie weit aufgerissene Augen, solange die Stirn- und Nasenhaare diese noch nicht verdecken, weisen nicht auf Aggressivität hin, sondern übertreiben diese Anzeichen so deutlich, daß

sich ihre Bedeutung ins Gegenteil verkehrt. Verbunden ist dieses Spielgesicht meist mit entsprechend spielerischen Bewegungen und Lautäußerungen. Das Knurren und Jaulen mag dann einem Unerfahrenen als höchst bedrohlich vorkommen, aber auch hier signalisiert der übertriebene Ausdruck die spielerische Absicht.

Wollen wir unsererseits den Welpen zum Spiel veranlassen, müssen wir nicht unbedingt unseren Stert in die Höhe recken. Der Welpe wird ganz schnell unsere Absicht verstehen und meist begeistert das Spiel annehmen. Aber wir dürfen zwar den Welpen zum Spiel auffordern, doch wir sollten ihn nicht dazu zwingen. Der junge Hund braucht die Gruppenspiele, muß daneben aber auch die Zeit finden, sich mit sich selbst zu beschäftigen oder einfach ungestört auszuruhen, wenn er müde ist. Gerade bei unseren Kindern müssen wir darauf achten, daß sie dieses Bedürfnis des Welpen respektieren. Der Welpe ist keine lebendige Knutschpuppe, die ständig zur beliebigen Verwendung verfügbar zu sein hat. Neben der Isolation des Hundes ist ein überströmendes Liebes- und Pflegebedürfnis das sicherste Mittel, einen Welpen in den seelischen Zusammenbruch zu treiben.

Gewöhnung an andere Hunde

Ein wesentlicher Teil der spielerischen »Sozialisation« des Hundes findet in der Begegnung des Welpen mit anderen Hunden statt. Ein Hund, der nicht ausgiebig spielerischen Kontakt mit Artgenossen hat, wird später Hunden gegenüber oft aggressiv oder scheu sein, weil er den Artgenossen nicht erkennt (Angstbeißer); oder er wird beim anderen Hund Aggressionen auslösen, weil er keinen richtigen »Hundebenimm« gelernt hat. Und schon befinden wir uns im größten Dilemma. Jetzt, wo Sie mit den wachen Augen eines frischgebackenen Tibet-Terrier-Besitzers Ihre Spaziergänge unternehmen, werden Sie etwas ungemein Trauriges feststellen. Nur der kleinere Teil der Vierbeiner, denen Sie und Ihr junger Hund begegnen, sind offenbar bereit und fähig, einen sinnvollen Kontakt zu Ihrem Hund aufzunehmen. Sie erkennen das oft schon von weitem. Kaum in Sicht, werden Hunde ängstlich zur Seite genommen, oder die Hunde reagieren bereits auf mittlere Distanz mit deutlicher Ablehnung, aggressiv wie ängstlich, oder sie werden von Frauchen oder Herrchen an der Leine eiligst oder mit deutlich ablehnender Haltung vorbeigeschleppt, und und und!

Aus der Sicht der Verhaltensforschung liegen hier schwere soziale, nicht etwa genetische Defekte vor. Diese Hunde haben keine geeignete »Sozialisation« durchgemacht, und schuld daran ist in den meisten Fällen nicht der Hund, sondern der »Herr«. Die Ursachen sind dabei vielfältig. Unkenntnis über die Bedürfnisse des Hundes, Unverstand oder Gleichgültigkeit, Mangel an Zeit, Mangel an Bereitschaft, sich um die Bedürfnisse ihrer Vierbeiner zu kümmern. All das ergibt einen Verhaltenscocktail, der zum Scheitern der Entwicklung des sozialen Wesens Hund führt. Doch als Fazit gilt: Der Idiot geht immer am anderen Ende der Leine!

Allerdings müssen Sie asoziales Verhalten vom Dominanzverhalten eines Rüden unterscheiden. Spätestens im Alter von 15 Monaten entwickeln diese oft Halbstarkenallüren. Sie testen bei Begegnungen mit anderen Rüden aus, wer der Boß ist. Unterwirft sich der

andere nicht sofort, ist blitzschnell eine hitzige Rauferei im Gange. Wahrscheinlich ist es sogar am besten, die Rüden ihre Meinungsverschiedenheiten über die Rangordnung ordnungsgemäß austragen zu lassen, zumindestens bei »Waffengleichheit«. Aber wer hat denn heute schon die Nerven dazu, wie einst Konrad Lorenz in aller Ruhe ein Gefecht zweier wehrhafter Rüden, seiner blieb meist Sieger, mit dem Blick des Verhaltensforschers zu betrachten und zu beschreiben? Immerhin steht uns heute die Möglichkeit offen, unseren Hund, nicht nur einen Rüden, im Alter von einem Jahr auf den Hundetrainingsplatz zu führen und während einer Ausbildung zum Begleithund Verträglichkeit mit anderen Hunden zu üben.

Vergessen Sie übrigens das Gerede vom »Welpenschutz«! Spätestens nach der achten Woche lassen sich Alttiere die Ungezogenheiten eines Welpen nicht mehr gefallen und weisen ihn energisch zurecht. Der junge Hund wird so in die Grundregeln des Hundebenimms eingewiesen. Und einem »höflichen« Junghund gegenüber verhalten sich dann ältere Hunde meist freundlich und sogar spielbereit, sofern sie selber die Hundeetikette gelernt haben.

Was müssen Sie nun tun, um geeignete Hunde für den Kontakt mit Ihrem Welpen zu finden? Zunächst einmal bieten die Regionalgruppen der Zuchtvereine, aber auch andere Hundevereine, Hundespaziergänge an, bei denen sich nicht nur die Vierbeiner, sondern gerade auch Frauchen und Herrchen in entspannter und anregender Atmosphäre treffen können. Eine ideale Voraussetzung für soziales Lernen! Ebenso bemühen sich etliche Züchter darum, den Kontakt zu den Besitzern ihrer

Welpen zu halten, falls räumlich möglich. Auch wenn Sie im Kreis Ihrer Bekannten, Verwandten oder Arbeitskollegen Hundebesitzer haben, ist das eine gute Gelegenheit, die Eignung der Hunde füreinander festzustellen. Und wenn alle Stricke reißen: In Ihrer räumlichen Nähe gibt es gewiß Hundevereine, die einen sogenannten »Welpenkindergarten« anbieten. Hier werden Welpen und Jungtiere zusammengebracht, aber auch ältere Hunde, um sich im gemeinsamen Spiel kennenzulernen und das Verhalten anderer Hunden gegenüber zu üben. Erkundigen Sie sich einfach danach! Eine solche Gelegenheit sollten Sie nicht versäumen.

VERHALTENSTRAINING

Eine antiautoritäre Erziehung des Hundes gibt es nicht. Neben dem spielerischen Lernen von Verhalten gibt es bestimmte Verhaltensweisen, die zum Einpassen in eine Familien- und Wohngemeinschaft nötig sind. Das reicht von der Stubenreinheit über die nötigen Tabus, weder Blumen noch Pantoffeln dürfen zerbissen oder Möbel angenagt werden, bis hin zu richtigem Verhalten auf dem Spaziergang und im Verkehr; und Herrchen und Frauchen dürfen dem Hund auch Futter abnehmen. Wir entfernen uns hier keineswegs von den »natürlichen« Anforderungen, die Althunde den Jungtieren abverlangen. Der Vaterrüde »erklärt« z.B. einen Stock oder gar einen Futterbrocken (auch Knochen) zum Tabu. Vergreift sich ein Welpe daran, wird er »rüde« dafür bestraft. Dieses Tabu dient einerseits zur Demonstration der Ranghöhe, aber andererseits auch zum Schutz der Jungen. Die Althunde müssen jederzeit das Recht haben

Abb. 36: Tibau, sechs Monate, bei seiner Lieblingsbeschäftigung.

Foto: Leschnik/Kraßnigg

95

zu begutachten, ob der Nachwuchs auch wirklich geeignetes Futter gefunden hat.

Erziehung als Verhaltenstraining läuft im Prinzip so ab: Er- wünschtes Verhalten wird gefördert, nicht erwünschtes »unterdrückt«. Die Hilfsmittel dazu heißen Belohnung und Lob, Tadel und Strafe, Konsequenz und Geduld. Der entscheidende »Trick« aber liegt darin, den richtigen Moment zu erwischen. Lob, Tadel oder Befehle verknüpft der Hund nur mit dem gerade unmittelbar gezeigten Verhalten. Wer diese Grundbedingung mißachtet, wird durchgreifenden Schiffbruch bei seinen Erziehungsbemühungen erleiden. Bestrafung aber erfolgt nur zur Durchsetzung von Verboten, sogenannten »Tabus«, doch nie dann, wenn der Hund etwa nicht das tut, was wir von ihm wollen oder erwarten. Zum Beispiel, wenn er auf das »Komm-Kommando« nicht entsprechend reagiert.

Der Verhaltensforscher zählt als artgemäße Formen der Bestrafung auf: Abbruch eines Spiels oder

Abb. 37:
Nanu, wer guckt denn da?
Hrutsi im Alter von einem Jahr.

Foto: Wagner

96

einer sonstigen Beschäftigung mit dem Welpen, wenn dieser etwas Unerwünschtes tut. Danach Bestrafungen wie »Nackenbiß« und »Schütteln«, so wie es die Alttiere vormachen. Man faßt eine Hautfalte im Nacken mit Daumen, Zeige- und Mittelfinger und zwickt. Dabei begleitet man diesen »Biß« mit einem energischen »Nein« oder »Pfui«. Nach nur wenigen solcher »Bisse« reagiert der Welpe meist schon auf das Pfui. Lassen Sie sich durch ein lautes Jaulen oder Kreischen des Welpen beim »Nackenbiß« nicht irritieren! Das gehört zum »Geschäft« dazu. Junge Hunde sind hervorragende »Schauspieler«. Bei hartnäckigen Fällen aber muß man richtig handgreiflich werden, so wie es auch die Althunde halten. Man packt den Welpen am Nacken, zusätzlich am besten noch an der Kruppe, hebt ihn hoch und schüttelt kräftig.

Aber auf die Dosierung des Lobs oder der Belohnung sowie des Tadels oder der Bestrafung kommt es an! Man muß seinen Hund genau beobachten, auf welche

Form von Lob und Tadel er reagiert. Sensibelchen bekommen bereits bei einem scharfen Wort das Nervenschütteln, doch robuste Hunde schütteln selbst härteres Zupacken locker ab!

Inkonsequenz aber irritiert die Hunde ungemein. Wer ein bestimmtes Verhalten heute lobt und morgen tadelt, darf sich nicht wundern, wenn der Hund bald alle Befehle ignoriert. Zudem, Wunder dürfen Sie nicht erwarten. Es dauert manchmal seine Zeit, bis der junge Hund prinzipiell begreift, was Sie von ihm wollen. Auch ist das individuell sehr verschieden, dazu stark von der Entwicklungsphase des Hundes abhängig. Ein Welpe kann z.B. erst mit einem gewissen Alter seinen Darm beherrschen.

Je komplexer zudem die Anforderungen sind, desto länger wird auch der Lernerfolg auf sich warten lassen. Und, Hunde sind auch nur »Menschen«, eine gewisse Bequemlichkeit (oder Cleverneß!) des Tieres muß man berücksichtigen. Welpen können aber auch raffinierte »Biester« sein, die unsere Reaktion auf ihr »Wehgeschrei« genau registrieren und »schamlos« ausnutzen.

WACHSTUM IM ERSTEN JAHR

In den ersten Wochen und Monaten werden Sie ein rasante Wachstum des Welpen beobachten können. Das ist die hohe Zeit für Statistiker. Hier können Sie Ihren Wiege-, Meß- und Rechentrieb voll ausleben, vor allem, wenn Sie über eine leistungsfähige Tabellenkalkulation auf Ihrem PC verfügen. Es läßt sich das Größenwachstum an Vorhand und Hinterhand prüfen, die besten Meßpunkte

sind hier der Widerrist und der Ansatz der Rute, das Längenwachstum von der Schulterblattspitze bis zum Rutenansatz, sowie die Zunahme an Gewicht. Auch das Längenwachstum der Haare an ausgewählten Stellen oder der Grad deren Aufhellung erweist sich als dankbares Beobachtungsobjekt. Und dem kreativen Statistiker fallen gewiß noch andere Meßgrößen ein, samt ihrer adäquaten Darstellung in Entwicklungskurven und anderen Graphikfiguren. Für den, der den Hund einfach wachsen lassen will, möchte ich einige kleine Anhaltspunkte geben.

Die intensivste Wachstumsphase zieht sich etwa über die ersten sechs Monate hin. Im Höhenwachstum abgeschlossen finden wir unseren Hund aber erst im Alter von einem Jahr. Der FCI-Standard legt hier als Obergrenze 40,6 cm fest. Zuchtrichter sehen in der Regel eine Übergröße in einem gesunden Verhältnis zu eventuellen anderen Fehlern und Vorzügen und bewerten diese Übergröße nicht überproportional hoch. Mit sechs Monaten ist der junge Hund groß genug und sind die Haare meist schon hinreichend lang, um in ihm bereits einen wirklichen »Apso«, also einen Tibet »Langhaar« zu erkennen.

Allerdings darf man sich nicht wundern, wenn das Wachstum insgesamt nicht gleichmäßig erfolgt. Häufig erleben wir zeitlich unterschiedlich intensive Wachstumsschübe, und verschiedene Körperregionen können sich durchaus unterschiedlich entwickeln. So beobachten wir oft im Alter von sechs Monaten, daß der Hund auf der Hinterhand überbaut aussieht. Das heißt schlicht: Hinten ist er höher als vorne! Auch kann sich der gesamte Bewegungsablauf mehrfach ändern, selbst wenn das meist bloß dem Fachmann auffällt.

Doch keine Sorge, spätestens mit Ablauf des ersten Jahres haben sich die verschiedenen Wachstumsfaktoren harmonisiert. Von da ab entwickelt sich dann der Hund nicht mehr in der Größe, sondern es findet ein langsames körperliches Reifen statt, das bis zum vierten Lebensjahr dauern kann. Am augenfälligsten ist hier die Haarentwicklung. Junge Tibet Terrier zeigen häufig einen typischen »Nierenring«: Von Kopf und Nacken schiebt sich das neue Haar langsam nach hinten, der Hund wirkt dabei wie zweigeteilt. Und es kann drei bis vier Jahre dauern, bis die vollständige Entwicklung des Erwachsenenhaars abgeschlossen ist. Aber vor allem auch das Körpervolumen und die inneren Organe sind Faktoren dieses Reifeprozesses. Wie schon im zweiten Kapitel erwähnt, gibt es zur Zeit keine einleuchtende Erklärung für die Ursachen dieser im Vergleich zu anderen kleinen bis mittelgroßen europäischen Rassen langsamen Reifung des Tibet Terriers.

Es handelt sich aber dabei um ein Erbe seiner asiatischen Herkunft.

Auch die Haarfarbe macht manchmal eine Veränderung durch. Vor allem dunkle Farbtöne hellen oft deutlich auf. In diesen Fällen liegt eine entsprechende genetische Veranlagung vor. Bei einem zunächst fast lackschwarzen Hund breiten sich dann langsam graue Haarsträhnen über den Körper aus, und die schwarze Grundfarbe wechselt dabei manchmal ins Bräunliche. Oder eine kräftige Zobelfarbe mutiert zum hellen Blond.

Gerade bei diesen zobelfarbenen Tieren meint man oft, die Farbschattierungen änderten sich alle halbe Jahre! Bei mehrfarbigen Tieren gleichen sich die verschiedenen Farben meist Richtung Aufhellung an. Doch am Ende des ersten Jahres zeigt das Haar des Tibet Terriers jeder Farbvariante den typischen zweischichtigen Aufbau mit Unterwolle und einer Länge des Deckhaars, die unserem Pflegetrieb endlich angemessen ist!

Kapitel Sieben

PFLEGE DES TIBET TERRIERS TIBET APSO

Allgemeines:
Das lange Haar, Werkzeuge, Gewöhnung, Standposition

Die richtige Technik:
Mit Bürste und Kamm,
Der langhaarige Hund, Entfilzen,
Hilfreiche Tricks

Problemzonen:
Augen-Pfoten-Genitalien, Ohren

Kleine und große Wäsche:
Baden, Waschen, Feuchte Pflege

Übertreibungen meiden

Abb. 38: Bist Du schon groß! Bod ssengge tshunba dawa /cano.
Foto: Kunze

ALLGEMEINES

Das lange Haar

Das Langhaar prägt das exotische Aussehen unseres Hundes. Statt Tibet Terrier müßte die Rasse eigentlich, wie wir schon vorher erfahren haben, Tibet Apso heißen. Doch historisch erworbene Namen sind eben nur schwer abzuschaffen. Also ein Apso, ein Langhaar, ist unser Tibeter. Und unstreitig macht die Pflege des Haares größere Mühe als bei Kurzhaarrassen. Dem Geübten jedoch fällt diese Pflege nicht übermäßig schwer, und es reicht beim erwachsenen Hund oft aus, ihn ein- bis zweimal in der Woche gründlich durchzukämmen. Und dann lernt man auch einen wichtigen Vorteil des Haares kennen: Es muß weder regelmäßig getrimmt noch »darf« es geschoren werden. Den Geldbeutel wird das freuen.

Bei der Pflege müssen wir uns stets vor Augen halten, daß das Hundehaar eine hervorragende Fähigkeit besitzt, sich selbst zu reinigen. Verantwortlich dafür ist eine feine Fettschicht, die jedes einzelne Haar von der Wurzel bis zur Spitze hauchdünn bedeckt. Wie oft glaubte ich schon, mich träfe der Schlag, wenn ich meine blütenweiße Hündin sich im feuchten Laub oder in Sand und Dreck habe suhlen sehen. Doch nach hingebungsvollem Schütteln, das alle Hunde unnachahmlich beherrschen, tauchte stets aus einer Wolke von Blättern und Dreck eine fast makellose »Schneelöwin« hervor. Ist das Haar beim Suhlen naß geworden, verschwindet mit dem Trocknen auch meist der letzte an den Haaren klebende Schmutz.

Alle Pflege muß also darauf gerichtet sein, diese selbstreinigende Fähigkeit des Haarkleids zu erhal-

ten und zu unterstützen. Zudem ist das lange Deckhaar etwas besonders Kostbares. Es braucht fast ein Jahr, bis es nachgewachsen ist. Darum muß das Bürsten und Kämmen so schonend sein, daß nicht unnötig viel Deckhaar ausgerissen wird.

Die folgenden Hinweise sollen es dem Tibet-Neuling erleichtern, sich die nötigen Fertigkeiten für die richtige Haarpflege anzueignen. Die ausführliche Darstellung mag einige bedenklich stimmen, darum will ich ein Beispiel für den zeitlichen Aufwand geben, den die Pflege erforderlich macht. Für meinen Rüden Terry, der nicht unbedingt das pflegeleichteste Haar besitzt, muß ich in einem Zeitraum von 14 Tagen etwa zweieinhalb Stunden einkalkulieren. Dabei ist er zwar nicht ausstellungsreif, aber für den Alltag in einer akzeptablen Verfassung.

Werkzeuge

Gepflegtes Haar heißt: Man muß bis auf die Haut durchkämmen können! Um das zu erreichen, benötigt man zwei Stahlkämme, einen mit mindestens 23 mm langen Zinken in weitem Abstand (ca. 3 mm) und einen Kamm mit gleichlangen Zinken, doch engerem Abstand. Solche Kämme finden sich zuhauf in jedem Fachhandel. Lassen Sie aber auf jeden Fall die Finger von sogenannten Entfilzerkämmen oder -bürsten! Damit können nur ganz erfahrene Kenner umgehen. Das »Rückgrat« der Haarpflege bildet in jedem Fall der Stahlkamm mit den weiten Zinken.

Und jetzt benötigen Sie als Werkzeug nur noch eine Nagelbürste, manchmal auch als Drahtbürste bekannt, zwei kräftige Naturhaarbürsten und eine mittelkleine »Schere« mit abgerundeten

Spitzen.

Die Nagelbürste lockert, glättet und ordnet das Haar und nimmt zudem abgestoßene, lose Unterwolle mit. Der breite Stahlkamm holt das verbliebene lose Haar bis auf die Haut heraus; der enge Kamm wird nur bei kleinen Filzstellen eingesetzt, die durch die breiteren Zinken rutschen. Mit der Schere schneidet man an empfindlichen Stellen, z.B. in der Genitalgegend, kleine verfilzte Stellen ab oder, im schlimmsten Fall, teilt man mit zum Haar parallelen, zur Haut hin aber senkrechten Schnitt dicke Filzpakete. Die Naturhaarbürste glättet das Fell, sorgt für eine Verteilung des natürlichen Haarfetts und bringt die gesamte Haarmasse in die richtige Fasson. Und mit der zweiten Naturhaarbürste läßt sich vor allem die Analgegend hervorragend mit klarem Wasser ausbürsten und säubern, wenn einmal etwas vom dicken Geschäft in den langen Haaren hängenbleibt.

Und nun fehlt zur Pflege nur noch ein geeigneter Arbeitstisch. Er muß so hoch sein, daß Sie in der Ihnen genehmen Sitz- oder Standposition bequem arbeiten können. Auch sollte er recht schmal ausfallen. So kann der Hund nicht allzuweit ausweichen, und Sie müssen sich nicht vorbeugen. Ihr Rücken wird sich gewiß empfindlich rächen, wenn Sie hier sündigen. Und auf den Tisch gehört eine rutschfeste Unterlage.

Doch fast noch wichtiger als die Werkzeuge zum Kämmen sind das Gewöhnen an das Kämmen und das Training der Stand- und Liegeposition des Welpen. Vom zweiten Tag an, wenn Sie den Welpen im Alter von meist acht bis zwölf Wochen abgeholt haben, müssen Sie täglich alle beiden Elemente wenigstens kurz trainieren - und zwar solange, bis sie alles buchstäblich »im Griff« haben! Doch der Reihe nach.

Gewöhnung

Das Bürsten und Kämmen soll fast so selbstverständlich - und möglichst so angenehm - wie das Streicheln mit der Hand werden. Ganz werden Sie das nicht erreichen. Zwingen Sie einen im Spiel befindlichen Welpen nicht zur Pflege! Nutzen Sie statt dessen Gelegenheiten, wo der Welpe sich entspannt niedergelegt hat. Streicheln und kraulen Sie den Welpen zunächst mit der Hand, dann mit der Naturhaarbürste. Wenn er sich nach einigen Tagen daran gewöhnt hat, nehmen Sie auch ab und zu die Nagelbürste. Gleiten Sie mit der Bürste ganz sanft und vorsichtig in kleinen Zügen durch das Haar des Welpen.

Meiden Sie mit der Nagelbürste am Anfang die unteren Beinpartien und das Gesicht, da sind die Hunde am empfindlichsten. Unterbrechen Sie kurz, wenn der Hund sich wehrt, und setzen Sie geduldig und noch sanfter das Bürsten über die gesamte Außenseite des Körpers fort. Wenn ihnen dieses Bürsten angenehm ist, wälzen sich viele Hunde auf den Rücken, damit man ihren Bauch kraulen kann. Nutzen Sie behutsam diese Gelegenheit, dem Hund das Bürsten als Kraulen angenehm zu machen. Damit fördern Sie beim älter werdenden Hund die Bereitschaft, sich fast von alleine auf die Seite und den Rücken zu legen.

Haben Sie hier Fortschritte erzielt, nehmen Sie ruhig auch mal den Stahlkamm. Achten Sie beim Kämmen darauf, daß Sie mit leichter Hand, ohne merklichen Krafteinsatz, die Zinken bis auf die Haut einsetzen. Nach einigen weiteren Tagen können Sie bereits systematischer vorgehen. Nehmen Sie die Bürste und beginnen Sie an den Außenseiten der Beine. Arbeiten Sie sich in kleinen Streifen von unten nach oben bis auf den Rücken vor. Wechseln Sie öfter in den oberen Körperbereichen zum Kamm über. Doch beachten Sie das oberste Gebot dabei: Gehen Sie ruhig und gelassen mit geringem Kraftaufwand vor. Aber keine Angst, die Welpen sind wesentlich robuster, als Sie glauben!

Standposition

Das Stehen des Welpen dient nicht nur der Haar- und Körperpflege, sondern auch dem In-Positur-Stellen bei Ausstellungen oder anderen Gelegenheiten, wo man mit dem Hund beeindrucken will. Nicht zuletzt profitiert auch Ihr Tierarzt von diesem Training. Stellen Sie zunächst den Welpen ganz einfach auf den Arbeitstisch. Schmusen, streicheln und spielen Sie mit ihm. Auch kann ein Familienmitglied dabei sein und mitmachen. Denn beim Üben können Sie einen Helfer gut gebrauchen. Der Hund soll sich jedenfalls auf dem Tisch wohl fühlen, entspannt sein und in der Übung ein Spiel sehen. Geben Sie ruhig dem Hund ein kleines Leckerchen, und halten Sie es am besten kurz oberhalb seiner Nase, damit er sich ein wenig aufrichten muß, um es zu ergattern.

Jetzt beginnen Sie unauffällig mit der eigentlichen Übung. Der Helfer stellt sich vor die Kopfseite und spricht und schmust weiter mit dem Hund. Sie aber stehen an der Breitseite. Greifen Sie mit einer Hand unter den Kopf und das Kinn, und mit der anderen fixieren Sie das Hinterteil des Hundes unterhalb der Rute. Heben Sie nun mit der einen Hand unter dem Kinn das Vorderteil hoch. Die Beine fallen dabei senkrecht herunter, und so stellen Sie den Hund ab. Lassen Sie Ihre Hand unter dem Kinn in Position. Loben Sie ausgiebig, wenn er dabei ruhig bleibt und Ihr Vorgehen duldet.

Schieben Sie nun Ihre andere Hand, Handrücken nach unten, zwischen die Hinterbeine unter den Körper (keine Scheu!). Heben Sie das Hinterteil kurz an und stellen Sie es wieder ab. Fixieren Sie nun mit der Hand am Ansatz der Rute die Stellung. Die Rute soll auf den Körper gerichtet werden. Wehrt sich der Welpe, macht er sich steif, dann wenden Sie keine besondere Kraft auf. Lassen Sie locker, lenken Sie ihn ab, reden und schmusen mit ihm, und dann versuchen Sie es erneut. Und loben Sie jede gelungene Aktion ausgiebig und mit deutlichem Jubel in der Stimme! Spätestens nach einigen Tagen hat sich der Welpe dann an diese Übung gewöhnt und läßt sie durchaus mit sich geschehen.

Jetzt können Sie an die Feinarbeit gehen. Achten Sie auf die senkrechte Stellung der Vorderbeine und das Aufrichten des Kopfes. Ein Tibet Terrier ist ein stolzer Hund! Aber haben Sie Geduld. Korrigieren Sie dann sanft die Stellung der Hinterfüße. Die Linie vom Sprunggelenk zum Boden soll fast senkrecht sein, die Pfoten weder zu breit noch zu eng stehen. Beobachten Sie dazu den natürlichen Gang und die natürliche Stellung des Hundes, wenn er zu einem bestimmten Ziel hin wittert und deutet, um sich zu orientieren. Schauen Sie sich auch noch einmal die Bilder der Ausstellungschampions und Zuchtrüden an, um die Stellung der Vorder- und Hinterbeine zu kontrollieren.

Hat sich der Welpe an die Standposition gewöhnt, können Sie darangehen, ihn vorsichtig zu bürsten.

So schlagen Sie zwei Fliegen mit einer Klappe: Gleichzeitiges Training für die Präsentier- und Pflegestellung.

DIE RICHTIGE TECHNIK

Mit Bürste und Kamm

So, Sie haben nun die Grundlagen für die Haarpflege gelegt, und nun geht es nur noch um die richtige Technik.

Das Haar des Welpen ist noch so kurz, daß man eigentlich nur die Bürste benötigt, nicht aber den Stahlkamm. Dennoch empfehle ich, den Kamm im oberen Bein und Körperbereich und am Bauch bereits sehr früh einzusetzen, damit sich der Welpe, aber auch Sie, an das Arbeiten mit dem Kamm gewöhnen. Ob im Liegen oder im Stand, grundsätzlich arbeitet man sich in der Grundpflege mit Bürste und Kamm schichtweise von unten nach oben vor. Der Strich geht dabei aber immer von oben nach unten. Im Alter von fünf oder sechs Monaten ist das Haar meist so lang, daß Sie den Ernstfall üben können.

Nehmen Sie sich eine kleine Partie ganz unten an der Pfote vor, schieben Sie mit den Fingern die Deckhaare hoch und bürsten Sie unterhalb dieser Linie von oben nach unten. Dann fassen Sie eine kleine Partie unmittelbar darüber und bürsten diese erneut in einem Strich von oben nach unten aus. Arbeiten Sie sich in kleinen Streifen nach oben und achten Sie darauf, nur wenig Druck auszuüben. Unten an den Pfoten spannt sich nur wenig Haut über die Knochen, und noch empfindlicher sind die Hunde auf der Innenseite der Pfoten. Auch an den Gelenken der Beine findet sich nur eine dünne, verschiebbare Haut. Darum nehmen Sie immer nur wenig Haarmasse mit Bürste oder Kamm mit. Dabei werden Sie merken, daß der Hund auch kitzelig sein kann und dann kräftig zusammenzuckt. Doch mit Gefühl und Übung bekommen Sie es bald geregelt, nicht zu rauh, aber auch nicht zu sanft zu arbeiten. Und dann dauert das Kämmen des gesamten Haars viel kürzer, als Sie jetzt annehmen.

Nun gibt es einige neuralgische Stellen am Körper, an die man nicht so leicht kommt, die man beim Bürsten und Kämmen aber nicht vergessen darf. Dazu zählt zunächst das Haar an der Schnauze des Hundes, direkt unterhalb der Augen auf der Nase. Der Welpe wird seinen Kopf gewiß nicht ruhig halten, wenn Sie dort mit Bürste und Kamm hantieren. Da hilft aber nichts. Fassen Sie zur Not in den Kinnbart und halten Sie dort fest (nicht zu brutal, aber fest)! Nach einigen Tagen sieht der Welpe durchaus ein, daß er sich vergeblich wehrt, und hält dann stiller. Oftmals ist es beim »Bearbeiten« des Kopfs und der Schnauze besser, wenn der Hund mit dem Rücken zu uns liegt oder steht, wir den Kopf und das Gesicht also von hinten her kämmen.

Eine weitere schwierige Stelle sind die Haare direkt unter dem Ohr. Die Lauscher hoch und auskämmen! Bei Filzstellen nehmen Sie den Stahlkamm, fassen das Haar mit Zeigefinger und Daumen zwischen Haut und der Filzstelle, das dient der Zugentlastung, haken den ersten Zinken des Kamms ein wenig ein und ziehen vorsichtig das Haar aus. So lockern Sie die verfilzte Stelle, bis diese ausgebürstet oder ausgekämmt werden kann. Ebenfalls dürfen Sie auch die Haare an den Ohrenkanten, innen und außen, nicht vergessen.

Sollte sich gelöste Unterwolle angesammelt haben, muß man auch hier vorsichtig mit dem ersten Zinken des Kammes diese Wolle herausziehen.

Mit gebührendem Takt gilt es, die Innenseiten der Pfoten und Schenkel zu beachten. Hier sind die Hunde bedeutend empfindlicher als an der Außenseite. Auch der Bauch bis zu den Genitalien muß gebürstet und immer beobachtet werden. Und, last but not least: Der »Fahnenmast«, die Rute des Hundes, gehört nicht zu den Tabuzonen. Hier müssen Sie sich von der Spitze bis zur Wurzel vorarbeiten. Aber Vorsicht, es dauert lange, bis ausgerissene lange Deckhaare aus der Rute nachgewachsen sind. Darum besonders schonend arbeiten. Glätten Sie die Haare immer mit der Bürste vor, dann gleitet der Kamm besser.

Der langhaarige Hund

Ab einer bestimmten Haarlänge werden Sie merken, daß der Einsatz der Bürste nicht mehr ausreicht, um durch das Haar bis zur Haut zu kommen. Arbeiten Sie dennoch immer zuerst mit der Bürste vor, weil dadurch das Haar schon erheblich glatter für den Einsatz des Kamms wird. Das gilt erst recht, wenn das Haar ein bißchen verzottelt aussieht und in kleinen Schnürlpaketen herunterhängt. Nach dem Bürsten aber müssen Sie mit dem Kamm nacharbeiten, um das Haar bis auf die Haut durchzukämmen. Aber erinnern Sie sich immer wieder an den Grundsatz: Bis auf die Haut, aber mit wenig Kraft kämmen, damit nicht zu viele Haare dran glauben müssen. Außerdem sollen Sie so vermeiden, dem Hund Schmerzen zu bereiten.

Nach dem Kämmen kommt auch die Naturhaarbürste zu ihrem Recht. Damit machen Sie den Hund fein. Bürsten Sie an Beinen, Körper und Kopf das Haar senkrecht nach unten! Auf Kopf und Körper deutet sich beim heranwachsenden Hund bereits eine Art Scheitel an. Diesen können Sie beim Kämmen und Bürsten vom Kopf bis zur Rute herausarbeiten. Und nicht vergessen, auch die Schnauzen- und Barthaare nicht auslassen! Nach dieser Kämmprozedur sieht ihr Hund »showmäßig« aus. Vor allem, wenn seine Haare schon relativ lang sind.

Ein vollständiger Pflegedurchgang dauert natürlich, und sowohl die Geduld des Hundes wie auch Ihre können dabei »flötengehen«. Sollte das eintreten, dann nehmen Sie sich doch immer nur eine Körperpartie für die Pflege vor, z.B. ein hinteres Bein, eine Seite zwischen den Beinen, den Hals, usw. Legen Sie dann eine längere Pause ein und nehmen Sie sich dann die nächste Partie vor. So kommt man auch ans Ziel, und meist gründlicher als bei einer »Ganzkörperpflege« an einem Stück!

Entfilzen

Zwischen dem 9. und 15. Monat beginnt eine starke Veränderung des Haarkleids sichtbar zu werden. Unser Hund bildet sein charakteristisches Deckhaar aus und wechselt in starkem Maße vom Jugend- zum Erwachsenenhaar, wie schon früher dargelegt. Das ist auch die Zeit, in der das Haar insgesamt stark zum Verfilzen neigt. Das abgelöste Haar wird vom Deckhaar festgehalten und bildet, wenn es nicht bald herausgekämmt wird, eine feste, filzige Haarschicht. Vorbeugen ist der beste Schutz vor dem Verfilzen. Wenn man die Technik des Kämmens beherrscht und den Hund regelmäßig bis auf

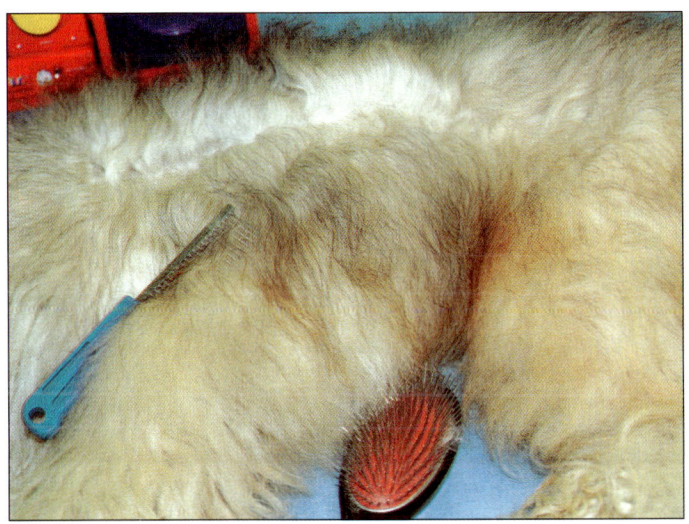

Abb. 39: Mit Bürste und Stahlkamm schichtweise kämmen.

Foto: Kraßnigg.

die Haut durchkämmt, dürfte man mit dem Verfilzen überhaupt keine Schwierigkeiten bekommen. Man muß aber in dieser Zeit wesentlich häufiger als sonst das Haarkleid mit den Händen auf filzige Stellen abtasten.

Kleine Filzstellen lassen sich durchaus einfach auskämmen. Und auch kleinere Filzpakete sind noch keine Affäre. Gehen Sie folgendermaßen vor: Wappnen Sie sich zunächst mit Geduld und Ruhe. Hastiges Arbeiten macht nur den Hund nervös! Stellen oder legen Sie den Hund auf Ihren Arbeitstisch, so daß Sie die verfilzten Stellen bequem erreichen können. Kämmen Sie auch hier schichtweise von unten nach oben. Lockern Sie zuerst mit den Fingern das Filzpaket ein wenig auf, indem Sie es vorsichtig auseinanderziehen. Dann fassen Sie eine kleine Haarsträhne direkt an der Haut mit Daumen und Zeigefinger. Kämmen Sie nun mit dem weitzinkigen Kamm die filzigen Haare vor den Fingern aus. So verhindern Sie, daß der Zug des Kammes voll auf die Haut wirkt, denn mit den Fingern fangen Sie diesen Zug etwas ab. Sollte das verfilzte Haar nicht so einfach auszukämmen sein, dann greifen Sie mit der vorderen Zinke des Kammes hinein, die Finger halten weiterhin die Haarsträhne direkt an der Haut fest, und ziehen es vorsichtig aus. Dann kämmen Sie nach. Und immer nur kleine Haarsträhnen nehmen! Mit dieser Kombination von Lockern, Auskämmen und Ausziehen kommt man durchaus zügig voran. Haben Sie mit dem weitzinkigen Kamm das Filzhaar entfernt, müssen Sie aber die gesamte Stelle noch mit dem engen Entfilzerkamm nachkämmen.

Hilfreiche Tricks

Wenn die Filzpakete schon größer oder zahlreicher oder die verfilzten Stellen besonders kompakt geworden sind, steigt der Kraftaufwand beim Kämmen erheblich, und das kann dem Hund sehr unangenehm werden. Hier sollte man die Filzpakete gut anfeuchten. Füllen Sie dazu Wasser in eine Blumenspritze und mischen Sie es mit einem Schuß Mandelblüten-Ölbad oder einem anderen, im Handel erhältlichen Ölbad. Sprühen Sie die filzige Stelle nun ein, und nach einer gewissen Einwirkungszeit läßt sich das Haar schonender bearbeiten und auskämmen. Verwenden Sie zum »Einweichen« keine Ölsprays, z.B. mit Nerzöl, wie oft empfohlen. Diese verkleben das Haar nur unnötig.

Bei großflächigeren Verfilzungen lösen Sie eine Kappe Mandelblüten- oder Badeöl in fünf Litern Warmwasser auf und begießen Sie damit den Hund überall gründlich, besonders aber an den verfilzten Stellen. Anschließend trocknen Sie mit einem Handtuch das Haar ab; aber nicht frottieren, sondern das Haar nur ausdrücken. Dann müssen Sie den Hund trockenföhnen. Während des Föhnens ziehen Sie mit den ersten Zinken des breiten Stahlkamms die verfilzten Matten vorsichtig auf.

Achten Sie dabei auf Zugentlastung! Sollte das Filzpaket aber zu kompakt sein, um es auf »konventionelle« Weise zu lösen, also erst im äußersten Notfall, bleibt Ihnen der Griff zur Schere mit der stumpfen Spitze nicht erspart. Schneiden Sie parallel zum Haar, also senkrecht zur Haut, ins Filzpaket, um es in bearbeitungsfähige Fragmente zu zerteilen. Natürlich gehen hierbei auch Deckhaare verloren, aber das ist immer noch besser, als das Haar der gesamten Stelle zu verlieren.

Hat sich die Verfilzung schleichend über größere Körperpartien entwickelt, sollte man den Hund zuerst vollständig baden oder waschen. (Dazu in einem der folgenden Abschnitte.) Beim Föhnen geht man, wie beim Kämmen, grundsätzlich von unten nach oben vor. Stellen Sie den Föhn zwar auf kräftigen Luftstrom, aber nicht auf allzu große Hitze ein! Zuerst bürstet man im Föhnstrahl mit der Nagelbürste das Haar etwas nach oben, dann aber wieder nach unten aus. Nun nimmt man den weitzinkigen Kamm und kämmt unter dem Föhnstrahl das Haar mit Strich nach unten bis zur Haut aus. Das Deckhaar dabei immer nach oben schieben und darunter den Kamm auf der Haut ansetzen! Ist die Filzschicht nicht zu dicht, läßt sich das verfilzte Haar recht gut auskämmen. Mit dem engen Kamm muß man dann nacharbeiten. Auf diese Weise trocknet man die Haare und entfilzt gleichzeitig dabei.

PROBLEMZONEN

Augen

Die Augen des Welpen sondern Tränensekret ab, das sich in den Haaren der Augenwinkel sammelt. Sie können das mit Ihrer eigenen Augenflüssigkeit vergleichen, die Sie sich morgens getrocknet als »Schlaf« aus den Augen reiben. Beim Welpen müssen Sie die Haare unter den Augenwinkeln von diesem Tränensekret reinigen. Natürlich handelt es sich hier um ganz sensible Stellen des Hundes, und der Welpe wird sich zunächst energisch wehren. Doch handeln Sie konsequent und entfernen Sie möglichst jeden Tag mit einem feuchten Lappen das Sekret. Dazu müssen Sie den Kopf des Welpen festhalten. Am besten geschieht das durch einen Helfer. Mit einer Hand umspannen Sie von unten den Kiefer, mit der anderen vom Nacken her den Hinterkopf.

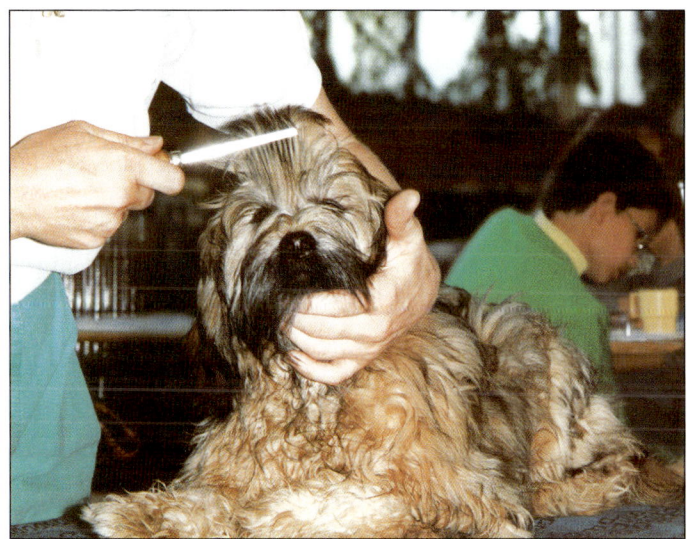

Abb. 40: Iiih, das ziept!   Foto: Buggermann

Drücken Sie mit der unteren Hand möglichst nicht gegen die Kehle und Luftröhre!

Pfoten

Zwischen den Pfotenballen wachsen Haare, die die Zwischenräume ausfüllen und den »Schneeschuheffekt« der Pfoten des Tibet Apso verstärken. Normalerweise »schleifen« sich diese Haare bei kräftigem Auslauf von selber ab. Wachsen sie aber zu lang, können sie zu Pfotenverletzungen führen. Darum müssen sie dann abgeschnitten werden. Fassen Sie dazu mit Zeige- und Mittelfinger die Haare über den Ballen wie mit einer Schere und schneiden Sie nur die überstehenden Haarspitzen ab. Auch die Nägel der Pfoten nutzen sich bei gutem Auslauf von selber richtig ab. Kontrollieren Sie aber hier ab und zu nach und fragen Sie z.B. beim Impfen Ihren Tierarzt, ob die Nägel geschnitten werden müssen. Der Tierarzt wird Ihnen gewiß auch zeigen, wie es geht.

Denn vor allem bei dunkelfarbigen Hunden sieht man durch das Horn nicht, wo das empfindliche »Mark« der Nägel anfängt. Meist kann man hier besser mit der Nagelfeile als mit der Schere arbeiten.

Genitalien

Der Tibet Apso pflegt seine Genitalien und seine Analregion selbst gründlich und zuverlässig. Doch auch da müssen Sie ab und zu nachschauen. Oft bilden sich nämlich kleine Filzpakete, die man meist nicht auskämmen kann, sondern mit der Schere entfernen muß, weil die Haut hier sehr empfindlich ist. Der Rüde bietet zudem für die Pflege noch eine ihm ureigene Besonderheit. Im Alter von etwa fünf Monaten beginnt er, sein Beinchen zu heben, um für sein Herrchen oder Frauchen das Amt auszuüben, das diese aus verständlichen Gründen selber nicht wahrnehmen können: Das Markieren des Reviers. Viele betrachten diese ersten Bemühungen mit unverhohlenem Besitzerstolz, wird doch dadurch dokumentiert, daß aus dem Welpen nun langsam ein richtiger Hund geworden ist. Die ersten Übungen gleichen allerdings oft eher einer unfreiwilligen Clownnummer. Ich sehe noch heute meinen Rüden Terry regelmäßig Kopfstand machen, wenn er an Bäumen seine Marken in der Höhe der erwachsenen Hunde anbringen wollte. Aus pädagogischen Gründen habe ich natürlich stets mein Lachen unterdrückt, auch wenn ich fast geplatzt wäre.

Leider haben diese Freiübungen der jungen Rüden aber auch eine Kehrseite. Die Zielgenauigkeit ihrer Verrichtung läßt viel zu wünschen übrig. Ein Gutteil der Flüssigkeit bekleckert nicht nur die Genital- und untere Bauchregion, sondern auch die Innenseiten der Hinterbeine. Das bereits länger werdende Haar wird dadurch nicht nur verklebt und leicht filzig, sondern der sich an der Luft zersetzende Urin entwickelt einen charakteristischen, durchdringenden Geruch. Mit dessen Hilfe und der Ihrer Nase können Sie selbst in schwärzester Nacht den Standort Ihres Lieblings auf einige Meter Entfernung zielgenau anpeilen. Wenn Sie aber eine solche Orientierungshilfe nicht brauchen, wenn sie gar unerwünscht ist, dann hilft nur eines. Mit viel klarem Wasser müssen Sie regelmäßig die injizierten Regionen abwaschen, sie eventuell trocknen und ausbürsten. Schneiden Sie beim Rüden, wie auch bei der Hundin, die Haare unmittelbar an den Genitalien kurz.

Besonders die Analregion sollten Sie regelmäßig überprüfen, weil sich in den Haaren weicher Kot festsetzen kann. Mit weichem Kot reagiert das Verdauungssystem der Hunde auf bestimmte Nahrungsmittel, manchmal auf Futterwechsel überhaupt. Das gilt vor allem für den Welpen, aber das passiert auch hin und wieder beim erwachsenen Hund. Im langen Haar zwischen den Hinterschenkeln kann dann ein Teil dieses Kots klebenbleiben. Bei meiner Hündin Annie weiß ich ganz genau: Wenn Sie Brathering futtert, muß ich den Tag darauf eine ausgiebige Wasserspülung einkalkulieren! Großzügiger Einsatz von Wasser ist nötig, um alle »Bremsspuren« zu beseitigen. Eine Naturhaarbürste ist hier ausgesprochen hilfreich. Damit lassen sich auch hartnäckige Verfärbungen gut herausbekommen. Verwenden Sie aber kein Reinigungsmittel wie zum Geschirrspülen. Wasser »pur« reicht in der Regel aus. Bestenfalls können Sie ein rückfettendes Hundeshampoo ins Wasser rühren. Dann müssen Sie aber mit klarem Wasser nachspülen. Mit der Zeit bekommen Sie heraus, wann Ihr Hund mit weichem Kot reagiert und bei welchem Futter das geschieht. Meiden Sie eben einfach Futtergaben, die sich als problematisch erweisen, und es reguliert sich alles ein.

Ohren

Die Hängeohren unserer Lieblinge haben eine besondere Problemzone, nämlich den Innenraum. Abgeschlossen von der Luft, bildet sich hier ein feuchtes Binnenklima, bei dem die Haut manchmal auf die aus den Ohren herauswachsenden Haare empfindlich reagiert. Auch Ohrenschmalz kann in den inneren Haaren hängenbleiben und bildet dann auf die Dauer einen dicken Pflock, der wie ein Verschluß im Ohr sitzt. Dieser Pflock reizt dann die Haut des Ohres. Außerdem haken sich ab und zu spelzige Pflanzensamen bei den

Spaziergängen im Ohrinneren fest und können zu Entzündungen führen. Hier müssen wir vorbeugend nachsehen und das Ohr häufiger kontrollieren. Äußerlich sichtbare Fremdkörper und Ohrenschmalzansätze entfernen wir vorsichtig. Aber »fummeln« Sie nicht mit Pinzette oder Wattestäbchen in der Tiefe der Ohröffnung herum!

Sind Rötungen der Haut des Innenohrs sichtbar, führt Sie der Weg zum Tierarzt. Der rupft meist sofort die Innenhaare heraus und gibt Ihnen eine Salbe zur Behandlung. Und dann müssen Sie in Zukunft regelmäßig selber die Innenhaare entfernen, um die Reizung der Haut zu vermeiden. Am schonendsten geht das übrigens mit den Fingern. Aber das sollte auch nur dann geschehen, wenn der Hund an den Ohren wirklich empfindlich ist. Solange keine Reizung sichtbar ist, sehe ich keine Veranlassung, die Innenhaare prophylaktisch zu entfernen.

KLEINE UND GROSSE WÄSCHE

Baden

Das Bürsten ist das Bad des Hundes, sagt Trumler. Danach bedürfe der Hund bestenfalls zweimal im Jahr, zu Ostern und zu Weihnachten, eines wirklichen Vollbades; oder vielleicht noch, wenn er sich in übelriechenden Stoffen gewälzt hat. Prinzipiell liegt Trumler sicher richtig. Aber natürlich hat er bei seiner Empfehlung nicht das Langhaar unserer Tibeter im Blick gehabt. Nur ein sauberes Haar läßt sich gut und schonend bürsten, kämmen und entfilzen. Darum werden Sie um ein häufigeres Baden oder gar Waschen des Hundes nicht herumkommen, als der Hunde-Verhaltensforscher es für nötig hält.

Baden ist prinzipiell unbedenklich, weil hier keine chemischen Zusätze wie Shampoo für das

BS '94 Roeneeka Voodoo at Alilah

Abb. 41: Spitzenpflege: Rüde Voodoo im „Smoking".   *Foto: Peine*

111

Wasser verwendet werden. Meine Hündinnen lieben es, in jeden Wassergraben, in jeden Bach oder See oder in jede Regenpfütze einzuwaten und diese richtig durchzusaufen. Wichtig nach dem Baden ist das Trocknen der Haare. Im Sommer ist das selten ein Problem. Die Luft ist warm genug, um für ein schnelles Trocknen zu sorgen. Bei niedrigeren Temperaturen kann man mit dem Handtuch das Wasser aus dem Haar ausdrücken, aber nicht frottieren! Zudem muß man für einen zugfreien Raum sorgen, damit sich die Hunde nicht erkälten. Und ein Anföhnen beschleunigt natürlich das Trocknen erheblich.

Waschen

Das Waschen mit Shampoo stellt hingegen einen erheblichen Eingriff für das Haar des Hundes dar. Die schützende Fettschicht wird meist stark angegriffen. Da sollte schon ein erhebliches Maß an Verschmutzung vorliegen, um zur Shampoowäsche zu greifen. Selbst vor einer Zuchtausstellung überlege ich es mir gründlich, ob zum »Styling« unbedingt ein Shampoogang erforderlich ist. Zum Waschen benötigen Sie ein rückfettendes Shampoo und eine Spülung. Die meisten Haarshampoos für Menschen sind wenig geeignet. Die Haut des Hundes ist nämlich im Gegensatz zu menschlicher Haut ph-neutral. Und das wird bei Hundeshampoos berücksichtigt.

Die Spülung verbessert den rückfettenden Effekt und sollte vor allem dann aufgetragen werden, wenn die Haare des Hundes etwas trocken wirken. Diese Spülung stellen Sie aus ca. fünf Litern Wasser und einem Zusatz aus etwa einer halben Verschlußkappe voll Mandelblütenöl her. Sie können statt dessen auch ein anderes Ölbad

verwenden. Günstig ist es, wenn Sie das Öl gründlich im Wasser verquirlen und so eine richtige Öl-in-Wasser-Emulsion herstellen. Für die rückfettende Spülung schwört übrigens jeder Züchter auf sein eigenes Rezept. Statt eines Badeöls verwenden einige z.B. Wollfett.

Eine Babybadewanne oder ein Duschbecken ist für das Waschen geeignet, aber Sie müssen auf den Boden eine rutschfeste Unterlage legen. Versuchen Sie nun die Shampoo-Wäsche nach den Angaben auf der Flasche durchzuführen. Das Shampoo gründlich auswaschen und dann ebenso gründlich die Spülung auf dem Hund verteilen. Zum Trocknen den Hund nicht mit dem Handtuch frottieren. Drücken Sie zuerst mit der Hand, dann mit Tüchern das überflüssige Wasser aus dem Haar. Und zum Abschluß föhnen Sie dann, wie beschrieben, den Hund wieder trocken.

Für Hunde, die sich gegen das Waschen intensiv sträuben, kann man auch einen »Schnelldurchgang« wählen. Das hören die Fachleute nicht gerne, weil die Shampooreste immer gründlich ausgespült werden sollten. Das folgende gilt also nur für den »Notfall«. Stellen Sie eine Babywanne neben Ihre Duschwanne, etwa ein Drittel bis halbvoll mit lauwarmem Wasser. Lösen Sie in der Babywanne eine walnußgroße Portion Shampoo auf. Nicht zuviel, damit die Konzentration nicht zu stark wird. Bereiten Sie gleichzeitig einen Eimer mit der Spülung vor. Stellen Sie den Hund in das Shampoowasser und waschen ihn, so gut es geht, mit der Hand. Helfer sind gewiß willkommen. Dann heben Sie den Vierbeiner heraus und stellen ihn in die Duschwanne. Gießen Sie jetzt die

Spülung gleichmäßig über das Haar. Klarwäsche und Spülung geschehen also in einem Durchgang. Wenn die Konzentration des Shampoos nicht zu stark ist, reicht das aus.

Feuchte Pflege zwischendurch

Wie schon vorher gesagt: Nur bei sauberem Haar lassen sich die Verluste an Deckhaar so gering wie möglich halten. Und am schonendsten läßt sich in dieser Hinsicht feuchtes Haar behandeln. Nun können Sie keineswegs ein- bis zweimal in der Woche dem Hund einen Bade- oder gar Waschgang zumuten und ihn mit dem Föhn trocknen. Nicht nur der Hund, auch Sie bekämen im wahrsten Sinne des Wortes davon »einen Föhn«, und das Haar ist bald brüchig und ruiniert. Wir können uns aber wirksam behelfen. Es wird sicher recht häufig nötig sein, unsere vor allem an den Pfoten verschmutzten Hunde mit klarem Wasser ein wenig zu säubern, bevor wir sie in die gute Stube lassen. Und ein Rüde muß sicherlich häufiger am Unterbauch, den hinteren Seiten und an den Innenseiten der Vorder- und Hinterbeine mit klarem Wasser und Waschlappen vom verkleckerten Urin gereinigt werden.

Diese Gelegenheit nutzen wir, um den Hund gleich mit einer Pflegespülung einzusprühen, damit wir danach das Haar bürsten und mit dem Kamm durcharbeiten können. Für die Spülung benötigen wir einen halben Liter Wasser mit einem Schuß Ölbad. Mit dem Mixer quirlen wir das Gemisch gründlich durch und erhalten so eine weißliche Öl-in-Wasser-Emulsion. Nun brauchen wir nur noch eine Sprühflasche für Zimmerpflanzen. Natürlich sprühen wir nicht den gesamten Flascheninhalt auf das Haar des Hundes.

Wenn Sie den Zerstäuber passend einstellen, verbraucht man sogar recht wenig Flüssigkeit, um das Deckhaar des Hundes hinreichend feucht zu bekommen. Auch sollte man nur über die Oberfläche des Haares sprühen und das Deckhaar dabei nicht anheben. Das Wasser darf nicht auf die Haut des Hundes gelangen.

Rechnen Sie aber nicht damit, daß Ihr Hund diese Prozedur besonders innig liebt. Sie werden ihn daran gewöhnen müssen. Aber das ist gewiß die schonendste Art, das Haar des Hundes feucht und gleitfähig für Bürste und Kamm zu bekommen. In der Regel wird es nach dem Bürsten und Kämmen nicht nötig sein, Restfeuchte aus dem Haar des Hundes trockenzuföhnen. Wenn Sie die Pfoten oder auch die klebrigen Haarpartien des Rüden gründlich gewässert haben, werden sie noch nicht vollständig getrocknet sein. Aber zumindest im Sommer sollten Sie auch dieses Haar an der Luft trocken werden lassen. Danach können Sie es noch ein wenig ausbürsten.

ÜBERTREIBUNGEN MEIDEN

Sie haben jetzt das Rüstzeug für die richtige Pflege des Tibet Terriers gewonnen. Und im Normalfall lernen Sie schnell, das richtige Verhältnis zwischen Aufwand und Ergebnis abzuschätzen. Aber zwei Gefahren »lauern« auf dem Weg zu einem gepflegten Hund. Die eine liegt darin, daß Sie Ihren Hund nicht mehr Hund sein lassen, weil Sie fürchten, Ihr top-gepflegter Liebling könne sich dreckig machen.

Das wäre ein fundamentales Mißverständnis hinsichtlich der Bedürfnisse Ihres Tibet Terriers. Selbst wenn es Sie schmerzt:

Haben Sie Ihren Hund nicht gerade für einen Besuch oder eine bestimmte Gelegenheit fertig gemacht, dann müssen Sie akzeptieren, daß sich der gerade gebürstete Liebling mit Wonne in die nächste Pfütze stürzt oder sich mit Inbrunst in Staub oder Sand wälzt.

Pflege darf nicht als Selbstzweck mißverstanden werden! Die zweite Gefahr liegt in einer Überbetonung des Pflegetriebs im Sinne

Abb. 42:
Lässige Schönheit
Chakya.

Foto: Koch/Scholz

114

eines bei uns Menschen verbreiteten Hygienefimmels. Unter dem Vorwand, das Haar von Schmutz und Umweltschadstoffen zu reinigen, toben manche Menschen eine fehlgeleitete Hygiene-Ideologie auch an ihrem langhaarigen Vierbeiner aus. Die Folge kann ein schnell ruiniertes Haar und eine ebenso schnell herbeigeführte Schädigung der Haut des Hundes sein.

Kapitel Acht

ERNÄHRUNG UND GESUND- HEITSVORSORGE

Liebe geht durch den Magen:
Natürliche Ernährung, Fertigfutter,
Zusatzstoffe, Knabbereien und
Leckerchen

Der gesunde Tibet Terrier:
Vorsorge, Entwurmung, Impfung,
HD und Augenuntersuchung,
Abhärtung

Abb. 43: ich bin der „Große bedeutende Stern von Jilong"
Foto: Brüggemann

LIEBE GEHT DURCH DEN MAGEN

Natürliche Ernährung

Sie können es so machen, wie es der Verhaltensforscher Trumler vorschlägt. Eine tiefe Grube im Garten anlegen, den Futtervorrat für eine Woche, - z.B. Muskelfleisch, Innereien und Schwarten von Rind, Lamm und Geflügel, Rindermagen mit viel Inhalt darin, zarte Kalbsrippchen mit Knorpelenden, dazu ein bißchen Blut eingemengt -, in sechs Portionsschichten einlagern und gut verschließen. Jeden Tag kann man dieser Grube dann die tägliche Futterration für den Hund entnehmen, und am sechsten und letzten Tag hat man dann eine Ration, deren Hautgout ihr Hund innig lieben wird. Am siebten Tag der Woche aber muß er fasten.

Oder sie sind als leidenschaftlicher Koch geboren, der, ausgerüstet mit einem Kochbuch für Hunde, auch dem vierbeinigen Liebling täglich sein Spezialmenü zusammenstellt und serviert: Denn Liebe geht gerade auch bei Hunden durch den Magen. Ich aber habe weder für die eine noch die andere Methode Zeit, Geduld oder genug Kenntnisse. Darum greife ich frohen Mutes auf das reichhaltige Angebot an Fertigfutter zurück, das uns eine vielseitige Futtermittelindustrie bereitstellt.

Zwei Grundvoraussetzungen für die Ernährung des Tibet Terriers muß man zunächst beachten. Zum einen gilt er als ein guter Futterverwerter, darum benötigt er eine kalorienarme Ernährung. Zum anderen gehört er zu den Hunderassen, die ihre Futtermenge weitgehend nach Hunger begrenzen. Ist er satt, sucht er meist nur noch besondere Leckerchen aus. Die erste Eigenschaft läßt sich vielleicht auf eine lange Selektion während des nomadischen Lebens in Richtung auf einen anspruchslosen Hund zurückführen. Vielleicht spielt aber auch das doppelschichtige Haar eine Rolle, das Energieverluste erheblich verringert. Die zweite Eigenschaft hebt sich wohltuend ab von den freßgierigen Hunden, die alles in sich hineinschlingen, was sie nur ergattern können. Doch vollständig kann man sich auf diese Eigenschaft nicht verlassen. Es soll auch einige "Freßsäcke" unter den Tibet Terriern geben. Man muß also immer einen Überblick über die Gesamtmenge des Futters haben. Ein überfütterter Hund ist nämlich für etliche, auch gefährliche Krankheiten anfällig!

Fertigfutter

Als Grundlage der Ernährung meiner Hunde habe ich Trockenfutter ausgewählt. Wegen des geringen Feuchtigkeitsgehalts sind die Angaben über die Nahrungsbestandteile fast identisch mit der Trockenmasse, und damit klar erkenntlich - und auch der wirkliche Preis! Die Welpen erhalten eine "Juniorversion" des Trockenfutters, natürlich vorher eingeweicht. Eigentlich ist eine solche "Juniorkost" überflüssig. Acht Wochen alte Hundewelpen fressen normalerweise alles, was die Eltern fressen, nur in zerkleinerter Form. Aber die Juniorkost hat sich auf dem Markt eingebürgert, zu einem höheren Preis als das Normalfutter, versteht sich. Ich mache aber nicht den Trend zu den immer höheren Eiweißanteilen im Juniorfutter mit, sondern beschränke diesen Anteil auf knapp um 30%.

Wenn Sie einen Welpen im Alter von etwa acht Wochen nach Hause holen, füttern Sie selbstverständlich zunächst das Futter weiter, an das er beim Züchter gewöhnt worden ist. Es gilt aber zwei Märchen zu widerlegen, die uns die Futtermittelindustrie gerne weismachen möchte: Hunde verlangten immer das gleiche Futter, an das sie gewöhnt sind, und vor allem Welpen könne man nur schwer auf anderes Futter umstellen.

In Wirklichkeit schätzt der Hund Abwechslung im Futter, und nicht nur der erwachsene Hund. Und wenn Sie es richtig machen, können Sie heute bei mit modernen Methoden hergestelltem Futter problemlos von einer Sorte zur anderen wechseln. Doch gehen wir systematisch vor!

Beim Welpen wird das Trockenfutter nach Vorschrift des Herstellers eingeweicht. Aber schon im Alter von spätestens acht Wochen beginne ich, auch Trockenanteile uneingeweicht zu reichen oder ins eingeweichte Futter einzustreuen. So bekommen die Kauwerkzeuge Arbeit. Das Trockenfutter massiert zudem das Zahnfleisch und reinigt ein wenig die Zähne. Ab dem Alter von zwölf Wochen erhalten meine Hunde kaum noch eingeweichtes, sondern fast nur noch trockenes Futter, natürlich mit reichlichem Wasserangebot. Um den Geschmack zu variieren, wird oft ein Löffel Weichfutter aus der Dose daruntergerührt.

Niemals rohes Schweinefleisch untermischen, weil der Erreger der Schweinepest, der Aujeszkysche Virus, unerkannt enthalten sein kann und absolut tödlich für unsere Hunde wirkt! Auch Knochen sind ernährungsphysiologisch keine optimale Nahrung, erst recht nicht leicht splitternde Geflügelknochen. Das Verdauungssystem der Hunde reagiert zudem auf Knochen oft mit hartem Kot. Und

für unseren Gaumen gewürzte Speisen gehören ebenfalls nicht in den Hundenapf, wie man überhaupt für den Hund auf alle Speisen verzichten könnte, die aus unserer Küche kommen.

Doch müssen wir nicht päpstlicher sein als der Papst. Ein gekochtes Eigelb, einmal in der Woche ins Trockenfutter gedrückt, bringt nicht nur Abwechslung, sondern soll auch gut für die Haarentwicklung sein. Mit Hüttenkäse oder Quark variiert man den Geschmack des Trockenfutters; oder mit gekochten Kartoffeln, Nudeln, Möhren und Brokolie, falls der Hund das mag. Manche Hunde lieben auch diverse Obstsorten als Nascherei. Gegen ein Bröckchen Vollwertbrot oder -brötchen läßt sich ebenfalls wenig sagen. Aber diese Zusatzgaben müssen dosiert werden, damit der Geschmack am Trockenfutter nicht verdorben wird. Und niemals am Tisch oder Herd den Hund füttern, sondern alle Gaben in den Futternapf geben oder in seiner unmittelbaren Nähe reichen!

Bei meinen selbst aufgezogenen Welpen haben wir aber auch die "standardmäßige" Trockenfuttersorte gewechselt. Schon im Alter von viereinhalb Wochen sammelte ich in den Futtermittelhandlungen alle erreichbaren Pröbchen anderer Sorten ein und mischte sie der "Hausmarke" zu. Teilweise stellte ich diese Pröbchen, immer in Form ganz kleiner Kügelchen, sogar trocken in kleinen Schüsselchen neben die Freßnäpfe, um zu testen, wie sie angenommen werden. Die Welpen haben von Anfang an begeistert diese Kaukügelchen geknuspert. Nur Mamas Milch, sozusagen als Sahnehäubchen neben dem Beifutter, war noch attraktiver! Und ohne Verdauungsschwierigkeiten gelang im Alter von sieben Wochen innerhalb von acht Tagen eine schrittweise vorgenommene, vollständige Umstellung des Standardfutters.

Zusatzstoffe

Es gibt einen boomenden Markt für Nahrungsergänzungen zum Normalfutter für Hunde, von Kalk, Algenmehl oder Hefe bis zu Vitaminen. Wenn Sie aber eine echte Hundevollnahrung reichen, sind darin schon alle Stoffe enthalten, die der Hund benötigt. Zusätzliche Ergänzungsstoffe sind eher schädlich; vor allem für Kalk im Übermaß trifft das zu. Zusatzstoffe sind nur bei einer Nahrung nötig, die hauptsächlich aus den Abfällen der menschlichen Mahlzeiten besteht. Schonen Sie Ihren Geldbeutel und kaufen Sie nur dann solche Nahrungsergänzungen, wenn Ihr Tierarzt das bei bestimmten Krankheiten empfiehlt!

Noch ein Wort zu Fettanteilen aus Soja. Es läuft so etwas wie eine "Rufmordkampagne" gegen dieses hochwertige Pflanzenfett. Es gibt keinen Grund, Futter mit Sojaanteil zu meiden, denn Soja enthält Inhaltsstoffe, die gerade für die Ausprägung eines gesunden, gehaltvollen Hundehaares wichtig sind. Es handelt sich hier vor allem um Schwefelverbindungen.

Abb. 44: Was heißt hier urig?   *Foto: Battke*

Knabbereien und Leckerchen

Die Normalkost läßt sich durch ein Reihe anderer Nahrungsmittel ergänzen und variieren. An erster Stelle steht dabei Knabberzeug. Ich beschränke mich aber hauptsächlich auf Ochsenziemer, Schweineöhrchen und "Knochen" aus Büffelhaut. Hier können die Hunde lange kauen, das tut den Zähnen und dem Zahnfleisch gut, und die Preise sind noch überschaubar. Hunde mit großem Kaubedürfnis lenkt man auf diese Weise auch davon ab, sich zu sehr an Schuhen, Pantoffeln oder anderen kaufähigen Haushaltsgegenständen zu vergreifen. Unsere Blacky knabbert seit frühester Welpenzeit mit Hingabe an Stielen alter Handfeger aus Plastik. Wenn wir aber neben den Handfeger einen Büffelhautknochen legen, läßt sie den Plastikstiel in Ruhe.

Geben Sie nicht zu viel von den Schweineöhrchen, weil diese recht fetthaltig sind. Bei uns gibt es ein Drittel bis eine Hälfte Schweinsohr pro Hund und Tag, und zwei- oder dreimal pro Woche eine Stange getrockneten Pansen! Davon hole ich aber immer große Packungen als Vorrat, weil nur auf diese Weise der Preis in erträglichen Grenzen bleibt.

Der Markt bordet zudem über an Kaustangen, Knabberstuckchen und -plätzchen, Snacks und Kaustreifen aller Größen und Farben - mit entsprechenden Maxipreisen für Minimengen. Wählen Sie ausgesprochen kritisch und nehmen Sie Packungen mit ganz kleinen Portionsstückchen. Testen Sie auch hier, ob der Hund diese "Leckerchen" überhaupt mag, und gehen Sie ganz sparsam damit um. Ein Leckerchen muß etwas Besonderes sei, und nicht Normalkost! Außerdem sollten Sie Leckerchen nicht reichen, wenn der Hund seine Normalportion gefressen hat und deutlich macht, daß er eigentlich satt ist. Leckerchen in entsprechend geringer Menge bekommt der hungrige Hund, denn dann wirken sie besonders nachhaltig, z.B. als Belohnung für erwünschtes Verhalten!

DER GESUNDE TIBET TERRIER

Vorsorge

Am Beginn einer jeden Gesundheitsvorsorge steht eine gesunde, robuste Mutterhündin, die ihre Konstitution an ihre Welpen weitergibt und nicht selber Quelle von Infektionen und Wurmerkrankungen ist. Mit ihrer Milch überträgt sie zudem eigene Immunisierungsstoffe auf ihre Welpen, die auf diese Weise in den ersten Wochen vor Ansteckung durch fremde Keime geschützt werden. Ebenso wichtig ist ein verantwortungsvoller Züchter, der nicht der Natur ins Handwerk pfuscht und Welpen durchbringt, die normalerweise nicht lebensfähig sind. Der bekannte Verhaltensforscher und Hundefachmann Eberhard Trumler hat hierfür übrigens einen spezifischen Test für den "Biotonus" der Welpen entwickelt.

Entwurmung

Der nächste Schritt, neben der hygienischen Überwachung des Welpenlagers, besteht in der Entwurmung von Welpen und Mutterhündin durch den Züchter. Das geschieht meist auch, wenn nirgendwo etwas von Wurmbefall sichtbar ist. Manche Züchter aber lassen Kotproben untersuchen und entwurmen nur dann, wenn wirklich ein Befall durch Parasiten erkennbar ist. So wollen sie vermeiden, unnötig "Chemie" zuzufüttern. Eine regelmäßige Entwurmung ist allerdings für das gesundheitliche Wohlbefinden Ihres Hundes wichtig, aber auch für Sie. Denn verschiedene Darmparasiten, die Hunde befallen, verschonen auch die Menschen nicht. Und manche sind für uns mit dem bloßen Auge nicht sichtbar. Doch mit den heutigen Medikamenten läßt sich eine Entwurmung sicher und spielend leicht durchführen. Entwurmungsmittel werden meist in Form von Tabletten oder Pasten gereicht. Ins Futter gemischt oder in eine Wurstscheibe gewickelt, nehmen die Hunde dieses Medikament ohne Schwierigkeiten. Fragen Sie Ihren Tierarzt, wie häufig er zu einer Wurmkur rät. Er wird auch die genaue Dosierung festlegen. Unabhängig von vorher durchgeführten Entwurmungen gebe ich möglichst auch nach jedem Urlaub unseren Hunden eine Wurmtablette. Man weiß ja nie, was die Hunde so aufgeschnöbert haben!

Impfungen

Wenn Sie Ihren Welpen im Alter von acht Wochen abholen, wurde bei ihm bereits eine Grundimmunisierung gegen Staupe, Leberentzündung, Leptospirose und Parvovirose durchgeführt. Für die Impfung erhalten Sie einen "Internationalen Impfpaß". Ihr Hund braucht dann noch eine Wiederholungsimpfung gegen die oben genannten Krankheiten und eine Impfung gegen Tollwut. Sie nehmen nach dem Kauf am besten sofort den Impfpaß und zeigen ihn Ihrem Tierarzt. Der wird Ihnen sagen, wann Sie zu den nächsten Impfungen erscheinen müssen. Er wird dann auch genau wissen, welche Ergänzungsmedikamente er verwenden muß. Die Impfungen sind nicht ganz billig, je nach Preisniveau des Tierarztes. Aber die genannten Krankheiten können für Ihren Hund leicht tödlich enden; und dann kostet die Impfung, gemessen allein am materiellen Verlust, wieder recht wenig. Die Impfungen müssen jedes Jahr aufgefrischt werden.

HD-Untersuchung

Bei der Hüftgelenkdysplasie (HD) handelt es sich um eine schlechte Paßform und Lagerung des Oberschenkels im Hüftgelenk. Wenn auch zur Ausprägung der HD Umweltfaktoren eine Rolle spielen, z.B. frühe Fehl und Überbelastung oder geringe muskuläre Ausprägung wegen Mangel an Auslauf, so liegt als Ursache doch eine erbliche Veranlagung vor. Mittlere bis schwere Formen der HD (ab HDD) führen im KTR bei den Tibet Terriern zum Zuchtausschluß, auch wenn diese Hunde selten wirklich sichtbar durch HD behindert werden. Der HD läßt sich nur durch konsequente Selektion bei der Zucht beikommen. Voraussetzung aber dafür ist, daß alle Hunde eines jeden Wurfs auf HD untersucht werden. Nicht nur der Züchter Ihres Hundes, sondern der ganze Zuchtverband für Tibet Terrier ist auf die Informationen aus den HDUntersuchungen angewiesen! Eine HDUntersuchung kann frühestens im Alter von einem Jahr erfolgen. Erst dann ist das Skelett des Hundes hinreichend ausgewachsen. Die Untersuchung selber muß vom Hundehalter veranlaßt und bezahlt werden. Der Tierarzt fertigt Röntgenaufnahmen an. Die Vereine im VDH nennen eine zentrale Erfassungsstelle, an die der Arzt die Aufnahmen schickt. Dazu benötigt er ein Meldeformular, das der Hundebesitzer beim jeweiligen Zuchtverein oder auch beim Züchter anfordern kann. Die Röntgenaufnahmen werden von der Zentralstelle ausgewertet und der Zustand der Hüften in bestimmte Kategorien eingeteilt. HDA heißt: keine HD, HDB: Übergangsform; HDC: leichte, HDD: mittlere HD, HD-E: schwere Form der HD.

Die Kategorie A, aber danach natürlich auch B, sind der Wunsch eines jeden Züchters. Aber sie bedeuten keine Garantie für HD-freie Welpen. Auch die Verpaarung von beispielsweise „phänotypisch" HDAEltern kann zu HDC oder gar HD-E führen. Der Grund liegt im rezessiven Erbgang der HD wie auch in den komplexen Rekombinationsmöglichkeiten der Erbanlagen der Elterntiere. Genetische Mischformen gesunder und kranker Anlagen sind äußerlich nicht erkennbar. Die Genetiker nehmen eine „polygene" Ursache mit einem gewissen „Schwellenwert" an. Auf Deutsch heißt das: Es sind mehrere Gene für die HD verantwortlich, und erst wenn eine gewisse Anzahl davon zusammenkommt, tritt urplötzlich das Bild der HD auf. Bleibt die Zahl der Gene unter diesem Schwellenwert, ist kein Anzeichen davon im Skelettbild des Hundes sichtbar. Gerade deswegen sind die vollständigen Wurfuntersuchungen wichtig, um die wirkliche genetische Situation der Elterntiere besser einschätzen zu können.

Für die Zuchttiere in allen VDH-Vereinen sind HDUntersuchungen zwingend vorgeschrieben. Sie als Hundebesitzer kann man aber nicht zur HDUntersuchung verpflichten, sondern nur an Ihren guten Willen appellieren. Sie sollten als Hundebesitzer aber sehen, daß Sie ja selber deswegen einen (hoffentlich) gesunden Hund erhalten haben, weil der Züchter und der Zuchtverein sich um gewissenhafte Zuchtauswahl bemühen.

Augenuntersuchungen

Wie bei vielen anderen Rassen gibt es auch bei den Tibet Terriern erbliche Augenkrankheiten, so z.B. PRA, was man auf Deutsch am besten mit „fortschreitender Ablösung der Netzhaut" bezeichnen kann; dazu Linsenluxation (LL) und Katarakt (Grauer Star). Darum sind in den VDH-Vereinen regelmäßige Augenuntersuchungen für die Zuchttiere obligatorisch.

Für die Zucht problematisch erweisen sich die spät auftretenden Formen all dieser Augenkrankheiten. Man kann, Beispiel LL, nicht bis zum achten Lebensjahr des Hundes abwarten, um dann mit ihm züchten zu wollen. Eine Hündin darf nach dem achten Lebensjahr nicht mehr belegt werden, und mehr als sechs Würfe werden nicht zugelassen. Das Dilemma wird so offenkundig. Manchmal wird ein Zuchttier als Merkmalsträger einer Augenkrankheit erst erkannt, wenn es schon mitten im Zuchteinsatz steht. Die Zuchtauswahl erfolgt also gleichsam im Nachhinein mit dem Abschätzen der genetischen Vorbelastung unter dem Gesichtspunkt der geringsten Risiken. Um eine solche Abschätzung jedoch vornehmen zu können, müssen ebenfalls möglichst alle Welpen eines Wurfes untersucht werden.

Abhärtung

Der Tibet Terrier hat sich noch ein gehöriges Stück an Robustheit der Rasse aus den Ursprungstagen in Tibet erhalten, wo eine erbarmungslose Auslese durch Mensch und Natur für das Überleben nur der gesündesten Tiere sorgte. Unsere Hunde können allen Wechselfällen des Wetters standhalten, strenger Kälte, Feuchtigkeit und Regen, aber auch drückender Hitze. Vorausgesetzt allerdings, wir ermöglichen ihnen die richtige Anpassung an diese Bedingungen. Man kann das mit dem Wort „abhärten" zutreffend beschreiben. Halten wir unsere Hunde als Stubenhocker, verweichlichen sie genauso wie jeder Mensch. Ihr Haar paßt sich diesen Bedingungen an und schützt sie im Freien nur unzureichend. Im Winter bei Kälte oder auch einfach nur bei Nässe können sie sich dann Erkältungen, Husten und Schnupfen holen oder auch für andere Krankheiten anfällig werden.

Abhärtung ist also angesagt, um unsere Hunde gesund zu erhalten. Und das heißt: Unsere Hunde, und damit auch wir, müssen bei jedem Wetter ausgiebig raus. Dazu aber gehört ebenso, daß wir auch zu Hause dem Hund Gelegenheit geben, viel Zeit draußen im Freien, d.h. im Garten, zu verbringen. Nur auf diese Weise bildet das Haar des Hundes jene Struktur aus, die ihn am besten sowohl gegen Kälte wie Hitze, aber auch gegen Regen und Feuchtigkeit schützt.

Im Haus läßt sich ebenfalls einiges gegen unnötige Verweichlichung des Hundes tun. Temperaturen auch im Winter unter 22 Grad Celsius in den Hauptwohnräumen sind für Mensch und Hund nicht etwa gesundheitsschädlich, sondern im Gegenteil, sie fördern unsere eigenen Abwehrkräfte gegen Schnupfen und andere Erkältungskrankheiten. Und das kommt ebenso dem Hund zugute. Zudem gibt es Bereiche in der Wohnung, die noch deutlich in den Temperaturen darunter liegen können wie z.B. Flure oder die Garderobe im Bereich des Haupteingangs. Wenn Sie dem Hund den freien Zugang zu diesen kühleren Orten ermöglichen, werden Sie sich wundern! Der bevorzugte Platz unserer Hündin Annie ist, nicht nur tagsü-

ber und nicht nur im Sommer, auf den Steinfliesen im unbeheizten Außenflur, direkt an der Außentür. Unsere Tibeter lieben solche Plätze, wo es angenehm kühl ist und etwas frische Luft weht.

Kälte und Nässe

An kalten Frosttagen kann dann Annie stundenlang im Garten auf den Terrassensteinen liegen und schlafen. Selbst bei minus 14 Grad und eisigem Ostwind toben unsere Tibeter mit entnervender Fröhlichkeit im Garten herum. Und wischen alle Ausreden zur Seite, die ich mir zurechtgelegt habe, mich bei diesem Wetter vor dem Spazierengehen zu drücken!

Unser Rüde tollt bei strömendem Regen, auch wintertags, gerne draußen herum; zum Ärger der Hausfrau, die mit dem Wischmopp die dann hereingebrachte Nässe samt Dreck beseitigen muß. In solchen Fällen lassen wir den Hund meist im Keller, wo übrigens sein Lieblingsplätzchen ist, erst einmal trocknen, bevor er in die gute Stube darf.

Auch die Nässe schadet unserem Hund also in der Regel nicht. Da kann er ruhig in Bächen, Gräben oder Teichen ein Vollbad nehmen. Das fördert eher das Abhärten! An Sommertagen trocknet der Hund bei unseren Spaziergängen meist schnell durch Bewegung, Wind und Wärme. Das habe ich anschaulich bei einem Frühjahrsurlaub in der Grande Motte, Mittelmeerküste in der Camargue, erlebt. Es wehte am Strand ein kräftiger Wind, die Sonne schien, aber die Temperaturen lagen insgesamt knapp unter 20 Grad Celsius. Unsere schneeweiße Hündin suhlte sich mit Wonne in den Salzwasserschlammtümpeln an der „Wasserkante". Der Anblick dieses „Schlammonsters" konnte jeden

Abb. 45: Rasant in die Kurve; Sport ist gesund.

Foto: Stumpf/Knecht

Hundebesitzer, der an die bevorstehende Reinigung dachte, an den Rand des Herzschlags bringen. Doch keine Viertelstunde Toben im trockenen Sand bei Wind und Sonne wirkten Wunder. Mit „Persil" hätte man die Hündin nicht strahlender waschen können! Seit dieser Zeit gingen wir jedesmal, wenn die Hündin vom Staub der Camargue grau geworden war, zur „Wäsche" an den Strand.

Allerdings sollten wir dem Hund zu Hause, wenn er sich nicht so kräftig bewegen und selbst trocknen kann, einen zugfreien Raum zuweisen, bis er dann getrocknet ist.

Das ist vor allem im Winter und an ausgesprochen kühlen Tagen nötig. So kann sich unser Hund bei feuchtem Haar nicht erkälten. Notfalls muß man auch einen Föhn zum Antrocknen einsetzen.

Hitze

Unter großer Hitze leidet jeder Hund, auch der Tibet Terrier. Aber es ist nicht erkennbar, daß er mehr als andere Rassen leidet. Eine alte Erfahrung lautet: Was gegen Kälte schützt, schützt auch gegen Hitze. Feuchte Schwüle allerdings setzt auch dem Tibet Terrier zu. Und wer in der prallen Sonne mit seinem Hund loszieht, darf sich nicht wundern, wenn dann beide mit einem „Sonnenstich" heimkehren! An heißen Tagen muß der Auslauf in die kühlen Morgenstunden oder in die späten Abend-, oder gar Nachtstunden, verlegt werden. Der Hund dosiert am besten selber seine Belastung unter Hitze, treiben Sie ihn nicht unnötig. Und Wasser müssen Sie ihm immer überreichlich zur Verfügung stellen. Tagsüber verkriecht sich der kluge Hund am liebsten in die kühlsten Ecken des Kellers, und das sollten Sie ihm gönnen.

Krebs bei der Hündin?

Zum Abschluß soll noch ein wohl unausrottbares Vorurteil angesprochen werden. Viele Welpenkäufer glauben, man müsse mit einer Hündin zumindest einen Wurf züchten, damit diese vor Gebärmutterkrebs oder anderen möglichen oder unmöglichen Krankheiten besser geschützt sei. Manche Interessenten schreckt das sogar vom Erwerb einer Hündin ab. Doch diese „Begründung" für einen Zuchteinsatz trifft schlichtweg nicht zu! Wer an eine Zucht mit Tibet Terriern denkt, sollte sich schon von ernsthafteren Motiven leiten lassen!